だいわ文庫

人生をもっと"快適"にする

急がない練習

「がんばりすぎ」をやめる47のヒント

名取芳彦

大和書房

はじめに

「そんなに急がなくてもいいんじゃない？」という余裕が、心に生まれる本

効率化が重視されている現在の日本の社会。

時間や労力のロスは、なるべく少なくしたほうがいいという考え方です。

時間や労力に無駄がなければ、より多くのことに取りくめる時間が生まれ、生産性が上がります。早くやってしまえば、余った時間を別のことに使えるというのは魅力的な考え方です。こうして、タイム・イズ・マネー（時は金なり）という大きな潮流さえ生まれます。

私たちの日常でも、似たようなことが言えるでしょう。

コンサートのプラチナチケットを取るために、戦闘モードさながらにパソコン前やスマホを手に待機して、発売時間に合わせて早押しする人は少なくありません。

新製品の発売日に、確実に買える整理券を求めて店頭で徹夜する人もいます。

スーパーマーケットのタイムセールでも、われ先にと目の色が変わります。早いほうが、手遅れにならないですむからです。

こうした生き方に疑問を持たない人の中には、坊主の私に「あなたは頭に毛がないですが、チャンスの神さまは前髪だけしかないそうです。通りすぎてからつかまえようとしても、後ろ髪がないから後の祭りだそうです」とおっしゃる方がいます。

「なーに、仮に逃がしても、別のチャンスの神さまが後から次々にやって来ますから、あわてることはありません」と私は平然と答えます。

★「急がなきゃ」をやめると、人生はシンプルになる

「早くしないといけない」という時間軸にとらわれると、のんびりすることに罪悪感さえ抱くことがあります。

いつでも、どんなことに対しても緊張状態がつづくので、とても疲れます。

効率化や生産性を上げるために、他人と比べて自分を評価する人も現れます。「あの人に比べたら私はやさしい」と判断しても、本当にやさしいかどうかは別問題です。

時間の無駄になるのではないか、うまくいかないのではないかと、失敗をおそれて心配したり、決断できなかったりする人もいますし、そんな自分に嫌気がさす人もいます。

急ぐことに疲れて、本当の自分は何をしたがっているのだろう？　私らしさとは何だろう？　と答えの出ない迷宮に入りこむ人もいます。

こうしたモヤモヤが起きるのは、多少なりとも「早いことがいい」「急いだほうがいい」という価値観に縛《しば》られているからでしょう。

縛られているのは窮屈《きゅうくつ》ですから、そこから早く脱して、心や体をすり減らさない生き方をしたほうがいいと思います。

これから「そんなに急がなくていい」という内容の本をお読みいただくのに、〝急ぐことから、なるべく早く脱したほうがいい〟は矛盾した表現です。

しかし、**いつでも、どんなことがあっても、心おだやかでいたいと願う人のために説かれた仏教は、心をおだやかにしたいのなら、苦（マイナスやネガティブな感情）からは、なるべく早く脱したほうがいい**とします。

私も心の底からそう思います。

急いでいる、あるいは急がされている気がして心がおだやかでないなら、心のモヤモヤは早く晴らしたほうがいいでしょう。

★肩の力を抜いて、ホッと一息つける考え方

実は、私自身が効率化、生産性の申し子のように〝ついでに何かやってみる〟を座右の銘にして生きてきました。

ですから、本書の執筆中、いつも以上に色んな人を観察し、皆さんの背後にあるそれぞれの事情を想像するように努めました。

そんな私だからこそ、そんな中、気づいたり、感じ入ったりした言葉もあります。

たとえば、
- **急いでも、急がなくても、大した問題ではないことがたくさんある。**
- **人生はまるごと、寄り道、道草、回り道みたいなものである。**
- **大きな器を作るには時間がかかる。**

- **人は死ぬまで、ちゃんと生きている。**
- **退屈な時間というのは、何でもできる時間という意味。**
- **真実を語っていれば、言ったことを覚えている必要はない。**

……などなど。

これらの言葉を頭の片隅に留めていると、少しばかり心に余裕が生まれて、他人にも、そして自分にも、いつもよりちょっとやさしくなれる気がします。他にも、たくさんの気づきがありました。そのエッセンスは、もちろん本書に込められています。

本書は、**仏教が説く智恵を土台に、不本意ながら急いでいる人、急がされてストレスを感じている人に、心のモヤモヤを晴らして、さわやかに生きていただきたい**と願って、多くの具体例を入れて書きすすめました。

効率化や生産性を求める社会では、急ぐことだけでなく、比べること、こだわること、結果重視などの風潮によって、さまざまな「苦」が発生します。そのため、本書で扱う内容も、生活から人間関係など多岐にわたりました。

本書でも述べますが、「できないこと」をできるようにするのを「練習」と言います（「できること」をするのは、「遊び」です）。

あなたもぜひ、私と一緒に「急がない練習」をはじめてみませんか。

せっかちで気が早く、威勢がいい人が多いと言われる東京・下町。そこに住む住職が書いたこの一冊。それがあなたの心の閉塞感を除き、あるいは、急いでいる人への共感の一助になれば幸いです。

東京都　江戸川区　密蔵院　住職
名取芳彦

もくじ

1章 むやみに「急がない」

2章 いちいち「気に病まない」

3章 つい、人に「イライラ」しそうになったら

4章 時には「割り切ること」も必要

5章 「無理に白黒つけない」というブッダの智慧

1章

むやみに「急がない」

あなたを急かしているのは「他人」より「自分自身」かも!?

心のやさしい人は、迷惑をかけることについて、とても気にします。何かしようとするとまず、「こんなことをしたら相手に迷惑にならないだろうか」と、ためらいがちに考えます。

私は「このくらい大丈夫だろう。ヘーキ、ヘーキ」とタカをくって勢いで動きがちなのですが、やさしい人は、迷惑にならないように念入りに行動します。

ですから、実際に迷惑をかけることはほとんどありませんし、本人も「迷惑をかけなくて良かった」とほっとします。心やさしい人は周囲にとって、いい人でもあります。

こうしたやり方で失敗したことがないので、ますます迷惑かどうかを考えてから行動するようになり、「途中で迷惑かどうかをチェックする生き方は間違いない」と思うようになるでしょう。実際「いい人」には、そのような人が多い気がします。

★この一言さえ、あればいい

ところが、迷惑かどうかは相手が決める問題で、こちらが決めることではありません。こちらが迷惑ではないだろうと思っても、後になって「迷惑だったらしい」という噂《うわさ》が耳に入ることはあります。

逆に、迷惑だったかもしれないと思っても相手は「ぜんぜん迷惑じゃないですよ」とアッケラカンとしている場合もあります。

ですから、迷惑がかかるのでは……と心配になる人は、迷惑は「相手が決める」という事実をしっかりわかっていたほうがいいでしょう。自分が相手の迷惑の程度をはかるのには限界があります。

経験上、迷惑かどうかを心配するくらいやさしい人は、「ご迷惑かもしれませんが」と前置きするか、「ご迷惑ではありませんか」と加えれば、ほとんど気にしなくても大丈夫です。

私は小さい時から相手の迷惑を考えるより、相手が喜ぶかどうかのほうに心の重心が大きく傾いているので、大勢の人に迷惑をかけているはずです。

★「○○かどうかは自分が決める」

一方、他人から「あなたは幸せだ」と言われることがあります。自分が幸せだと気づかない人に、別の見方を示して幸せだとわからせてあげるために言うのですが、**「迷惑」と逆で、「幸せ」かどうかは本人が決める問題**です。本人が幸せならば幸せですし、不幸だと思うなら不幸なのです。

実際に私は、「お寺の仕事だけで生活できずに、他の仕事と兼業しているお坊さんがたくさんいるのに、あなたはお寺だけで生活できるのだから、幸せだ。執筆や講演活動などは控えて、もっと謙虚に、お寺のことに専念したほうがいい」と言われたことがあります。

もとより私は自分を恵まれていると思っていますし、幸せだとも思っています。しかし、お寺のことに専念すれば、心おだやかになる仏教の考え方を、檀信徒以外の多くの人に知ってもらうことができません。

こうして、私は四十代で「**迷惑かどうかは相手が決める。幸せかどうかは自分が決める**」という格言を自分に向けて作りました。

★私たちは皆、自分で思うより幸せだ

そして、六十代に突入する間際、「自分の不幸をだれかのせいにしている人は、そのだれかを許さない。許すと自分の不幸を説明できなくなるからだ」という名言を目にしました。まったく、その通りだと思いました。

幸せか不幸かは自分で決められるのですが、不幸のままでいたい人は、不幸の原因をだれか（何か）のせいにしつづけます。

だれかのせいにしておけば、自分が不幸であることのつじつまが合うのです。不幸の原因のだれかを許してしまうと不幸の理由がなくなるので、自分は不幸ではないと思わなくてはいけません。

言い換えれば、「自分が思っているほど私は不幸ではない」と思う勇気が出ないの

で、不幸の原因をだれかのせいにしつづけると言えるかもしれません。

もし、あなたがだれか（何か）に急かされている気がしたり、いつも追われているような気がしたりするなら、そうしているのは他のだれでもなく、自分自身かもしれないと考えてみるといいでしょう。

ノンビリすることに罪悪感をおぼえるようなら、あなたは時間をかけて自分を「追われる者」に仕立て上げた可能性があります。

急ぐのも、ゆっくりするのも、あなたが決められるし、決めていいのです。

↓自分のペースは自分で決める

「急がないとダメだ」「ちゃんとしないとダメだ」地獄からそっと抜け出そう

仏教の基本的な教えをまとめたものに「四句の偈《げ》」があります。その代表的なものは「諸行無常《しょぎょうむじょう》（諸行は無常なり）　是生滅法《ぜしょうめっぽう》（是れ生滅の法なり）　生滅滅已《しょうめつめつい》（生滅を滅し終わって）　寂滅為楽《じゃくめついらく》（寂滅をもって楽となす）」です。

「すべての作られたものは同じ状態を保たない。それが〝生じたものは滅する〟という生滅の法則だ。生じ滅することへのとらわれがなくなった時、心はどこまでも静かで、おだやかで、楽な気持ちになることができる」という意味です。

この四句を、一音も重複しないで日本語で表したのが〝いろは歌〟です。

色は匂へど散りぬるを（形あるものは散ってしまうのが運命だ）

我が世誰ぞ常ならむ（いったいだれがこの世で同じ状態を保つことがあるだろうか、

そんなものはどこにもありはしない）

有為《うい》の奥山今日越えて（有為転変する世界に翻弄《ほんろう》される心のあり方を、仏の教えで今こそ乗り越えていこう）

浅き夢見じ酔ひもせず（乗り越えれば、浅い夢にうなされたり、実体のないものに酔いしれたりしない、おだやかな心になれるのです）

なんとなくわかる〝いろは歌〟ですが、この歌を身近に引き寄せるには、三句目の「有為」が大切な役割を果たします。

有為は「為《な》すこと有り」と読みます。

私たちの社会は、やらなければならないことがたくさんあります。ご飯を食べる、掃除や洗濯をする、勉強をする、仕事をする、自分の考えていることを人に伝えるなど、数え上げればきりがありません。やるべきことをやるだけでヘトヘトになることもあります。それが私たちの生きている有為の世界です。

有為は、有畏（畏《おそ》れ有り）と書くこともあります。

やるべきことがたくさんある有為の世界を別の面から見れば、ご飯を食べないと元気も出ないし死んでしまうかもしれない、掃除や洗濯をしないと不潔になって病気になるかもしれないし嫌がられるかもしれない、勉強しないと自分の希望する仕事にもつけない、仕事をしなければ生活できない、自分の考えを人に伝えないと理解も共感もしてもらえない……という畏れの多い世界です。「これをしないとえらいことになるぞ」という恐怖を土台にしている世界が、有畏の世界でもあるのです。

★「不安」はどこからやって来る？

私の知り合いに「早くやらないとダメ」「きちんと、ちゃんとしないとダメ」と思っていそうな人が何人かいます。

「ダメ」と思うくらいですから、ゆっくりやっているとひどい目に遭う、ちゃんとしないと恐ろしい事態になるなど、取り返しのつかない状況になるという恐怖心があるのでしょう。

子どものころに、根拠なく親から言われた「急いでやらないといけない」「ちゃんとしないといけない」とルールのようなものを、私たちは半ば鵜呑《うの》みにします。実際に、もたもたした人、物事を後回しにする人、ちゃんとしない人の失敗や失態を多く目にすることになります。ですから、親の言ったことは正しかったと考えるようになり、同時にやらなかった時の恐怖が心の底に根づいてしまうのかもしれません。

しかし、**「急がないとダメ」「ちゃんとしないとダメ」という考え方は、恐怖のために身をひきしめなければならないので、生き方そのものがとても窮屈になります。**

加えて「〜しないとダメ」は、自分で決めたもので、仏教で言えば戒《かい》です。破ると罰則がある律《りつ》と異なり、**戒は自分から守ろうとする努力目標で、「〇〇しないとダメ」ではなく「できるなら〇〇したほうがいい」という、ゆる〜いシバリです。仮にできなくても罰則はありません。**

あなたも、「できるなら、急いだほうがいい」「可能なら、ちゃんとしたほうがいい」くらいに余裕のある考え方をして、恐怖心の地獄からそっと抜けだしたほうがいいですよ。

↓「プレッシャーをあまり感じない人」になる方法

「できそうなことをする」より、「やりたいことを一生懸命やる」

私たちは子どものころから、「一生懸命やりなさい」と何度も言われます。そう言われても、興味がなければ一生懸命にはなれません。やっている最中に楽しさを感じたり、充実感を味わえたりすれば、夢中になれます。

一九七〇年から一九九〇年の二〇年間にわたってNHKで放送された、幼児向けの工作番組『できるかな』で、一言もしゃべらないで出演するノッポさんこと、高見のっぽさん（相手役はゴン太君）は、番組終了後のインタビュー番組で「**できそうなことよりも、一生懸命になれることをすればいいと思うんです**」と答えていました。それを聞いて、名言だと思いました。

何かをする時、私たちは失敗を恐れて（安心・安定・安全を求めて）、できそうなことを優先しがちですが、命の危険があったり、他人に多大な迷惑をかけたりするようなことがなければ、**〝できそうなこと〟に逃げずに、一生懸命になれそうなことに取りくめば、愉快でメリハリの利いた人生が送れるものです。**

私たちが何気なく使っている一生懸命は、「主君からもらった一カ所の領地を生活基盤としてそこに命をかけること」を意味する一所懸命から出た言葉です。

その必死さを強調するために所《しょ》の音が伸びて生《しょう》になったと言われますが、全力を尽くすニュアンスは、生の字を使ったほうがしっくりするかもしれません。

★〝打てば響く〟感性の磨き方

お寺で開催していた話の勉強会『話の寺子屋』で、講師をつとめていただいたベテランアナウンサーの故・村上正行さんが「**見て感じたことを、頭で考えずにすぐに言う**」ワークをしてくれたことがありました。

部屋に入った時に、そこに飾られている花に真っ先に気づいて「わっ、きれいな花だな」と言える感性を磨く練習です（だれかが言ってから気づくようでは感性が鈍《にぶ》っている証拠なのです）。

「日の当たっている部屋の床で、三歳くらいの子どもがクレヨンを握って、画用紙に夢中で絵を描いています。クレヨンが画用紙をはみ出してもかまわないほど夢中になっています。その時、何と言いますか。はい！　あなた」と指名されます。

その時に「えーと」と言えば、即アウト。「考えてはダメです」と注意を受けます。「かわいい」「無邪気だ」「クレヨンがはみ出してるよ」など、どんな感想でもいいのです。自分が何を感じるかという課題なのですが、他の参加者の手前、気のきいたことを言おうと思って「うーん……」となった途端、下町育ちの村上さんらしい「あのね、悪い頭は使わないほうがいいんです」という厳しい言葉が飛んできます。参加者全員が、〝打てば響く〟感性が鈍っていることを痛感したワークでした。

このエピソードで私がお伝えしたいのは、すぐに反応できる感性の大切さと同時に、多くの人が自分と重ね合わせることができる、子どもが一生懸命になっている姿です。

すぐに反応する感性は、時間を忘れて一所懸命になる力そのものでしょう。夢中になっている間は、他のことを考えている暇はありません。

それが大人になると、没頭せずに（できずに？）いつも何かを考えて行動するようになります。

そのために、「あっ、きれいな花が飾ってある」という言葉をだれかが言ってから「あの花は南米原産で、たぶん一本二百円くらいするよ」と後づけするようになります。私は、最初に花の存在に気づいてすぐに感想が言える人に魅力を感じますし、自分もそうなりたいと思って二十年以上その練習をしています。

社会に出ると、夢中になること、一所懸命にやることよりも「早い・遅い」はもちろんのこと、「上手・下手」「器用・不器用」「要領がよい・悪い」などが優先されるようになりますが、**子どものころの〝夢中になったあのとき〟を忘れずに、心をリセットしてみませんか。**

というより、**あなたには今、夢中になれることがありますか。**なければ、ノッポさんがおっしゃるように、それを探して取りくんでみてはいかがですか。

↓

〝夢中になれること〟がある人は、すてき

たとえば……
「向こう10年」のロングスパンで考えてみる

「幸せの一つの扉が閉じると、別の扉が開く。しかし私たちは、閉ざされた扉をいつまでも見ているために、せっかく開かれたほうの扉が目に入らないのです」はヘレン・ケラーの言葉だそうです。失恋や仕事上の失敗、人生での挫折などにも通じる名言だと思います。

急いでやりたいし、急かされているのになかなかできない人が見つづけている扉の向こう側には、仕事をテキパキこなす人、調子よく事を運んでいる人、次々に成果をあげている人たちがいるのでしょう。

その扉ばかり見ているので、できない自分をふがいなく思い、なおさら焦り、別の扉が開いているのがわからないのかもしれません。

小学校で命の話を頼まれた時、私はゴキブリや蚊《か》を例にすることがあります。

ゴキブリは同じ屋根の下で暮らしている仲間です。偉そうに歩き回らずに、肩身が狭そうに部屋や廊下の隅《すみ》を「すぐにどこかへ行きますから」とばかりに足早に移動します。それを親の仇《かたき》のように、新聞紙をこれ以上丸められないほど固くしぼり「コノヤロウ！」と叩きます。ペシャンコになったあのゴキブリも、巣に帰れば親兄弟がいるのです。

蚊に血を吸われても、私たちの命に関わるようなことはありません。かゆくなりますが、薬を塗ればすぐ治ります。

もし私が蚊だったら、巨大な人間の手がこちらに向かって振りおろされて命がなくなる間際に「私は殺されるほどのことをしたのか？」と思うに違いありません。人間はつぶれた私をつまんで「やった。ざまあみろ！」と得意気につぶやきます。

★蚊をためらいなく叩き潰す人と、それを悼む心のある人

ここまで話すと、私の話すきれいごとに生徒や先生や親たちの中で、怪訝《けげん》な顔をす

る人が現れます。「きれいごとを言っているけど、あなたはゴキブリや蚊を殺さないのか」と言いたそうな顔です。

私も夏になればゴキブリや蚊の命を奪います。しかし、私は「コノヤロウ！」とも「ざまあみろ！」とも言いません。「ごめん」「申し訳ない」と謝ります。

講演会ではここで多くの人がニヤリとします。

「なんだ、あなたも殺しているではないか。『コノヤロウ』を『ごめん』と言い換えようと、『ざまあみろ』を『申し訳ない』に替えたところで、一つの命を奪っていることに変わりはないではないか」と思っていらっしゃるのです。

ここで、私は話をまとめます。

「『コノヤロウ！』『ざまあみろ！』とゴキブリや蚊を殺しつづけた人と、『ごめん』『申し訳ない』と言って命を奪い、夕方にその命のためにお線香を上げつづけた人が十年たってごらんなさい。人として大きな違いになります」

ここで多くの人が視線を落とします。十年後の違いの大きさを、何となくイメージできるからでしょう。

★どの瞬間にも、「積み重ねの十年」の扉が待っている

　ゴキブリや蚊を叩いている時に、十年後のことなど意識する人はいません。今、目の前にある扉は害虫駆除であり、駆除できた時にすぐ隣で「十年後」という扉が開かれていることに、なかなか気づかないのです。

〝石の上にも三年〟と言われますが、スポーツでも、陶芸でも、押し花でも、どんなことでも三年間つづければ、それなりにできるようになります。そして、経験上、十年つづければ他の人にも教えられるようになります（さらにつづければ、教え方を教えられるようにもなります）。

　それが、十年という歳月が持つ力です。

目の前のことを精一杯やることはとても大切です。しかし、そのすぐそばで少し開きかかっている「積み重ねの十年後」の扉にも目を向けたいものです。

　人生相談を受けた時、私は「**今はとてもつらい状況ですが、半年後には笑っていら**

れるといいですね。十年後には、今の状況を笑って人に伝えられるようになるといいですね」とアドバイスすることがあります。

自分でも、自分の歩いている道がどこに向かっているか、時々止まって、考えるようにしています。

あなたも〝向こう十年〟のロングスパンで考えることを、徐々に習慣にしてみてはいかがでしょう。

↓**自分がどこに向かっているのか、時々立ち止まって考える**

「急かす人」「自分のペースを乱す人」……ちょっと困った人への対処法

自分のペースで人生を歩いているのに、そこに横やりが入ったり、邪魔をされたり、脇道へ引きこまれそうになることがあります。

かつて、暴力団に入って罪を犯し、刑務所に入っている間に離婚が成立して出所した人が私の本を読み、「この本をもっと早く読んでいれば、刑務所に入ることもなかったし、もっと早く暴力団を辞めていたでしょう。おかげさまで、カタギになって生きていく勇気をいただきました」と、お寺までお礼に言いにいらっしゃったことがありました。

彼は「出所したので娘に会いたい」と別れた奥さんに手紙を書いたそうですが、「娘が会いたいと言うなら考えますが、私が率先して段取りをして会わせるつもりはありません」と、きっぱり断りの手紙がきたそうです。私の前でうつむいた彼が握る、奥さんからの手紙に、涙が一粒落ちました。

「若い時、悪い奴らに誘われて……。あの時、仲間に入ってさえいなければ……」と、彼は小さな声で言いました。今の自分の境遇を、かつての仲間のせいにするというよりも、安易に悪の道に入った自分を悔いているようでした。

自分の生き方をしていたのに、途中から「こっちの水は、甘いぞ」という声に誘われて、フラフラと横道へ入りこんでしまった彼は、今頃、新しい職場で易きに流されそうになる人たちに、迫力満点のアドバイスをしていることでしょう。

★先輩の「カチンとくる一言」が教えてくれたこと

私が一般書店に並ぶ本を書き始めたころ、学者の先輩僧侶に「君はもっともらしく〝空《くう》〟を土台にした本を書いているようだが、いったいどれだけ〝空〟関係の論文を読んでいるんだ?」と皮肉を言われたことがありました。

仏教には般若《はんにゃ》がつくお経がたくさんありますが、それらはすべて空を説いたもので、それぞれのお経に関してたくさんの注釈書があります。関連する学術論文はさらに膨大な量になり、とても読みきれるものではありません。

私はバカにされたような嫌な気分になりました。いわば、「もっと勉強してから本を書け」と横やりを入れられた格好です。

バカにされてはいけないと思い、あわてて空に関する専門書を数冊読みましたが、内容はとても学問的で専門的でした。知的好奇心は満たしてくれますが、日常生活にはほとんど役に立たない内容に思われました。あらためて、私は「どうしてこんなに難しい本を読んでいるのだろう」と思いました。

なるべく確かな知識に基づいた内容を読者に提供するために、勉強するのは当たり前です。しかし、当時の私は、単に先輩僧侶にバカにされないために読むというのが第一義のような気がしていました。そこで、私はやっと気づきました。

「あの先輩と私とは、立っている土俵が違うのだ」

先輩は学問としての仏教の土俵で長年研究をしているのに対して、私は日常に生かせる仏道を多くの人にお伝えしたいという土俵にいます。

私は学問としての仏教をほとんど勉強していませんが、先輩は布教らしいことをほとんどしていないのです。

振り返れば、先輩の「どれだけ文献を読んでいるのだ」という言葉は、「私の土俵に上がって来い」と手招きしていたようなものです。土俵の違いを意識していなかった私は、相手の得意分野の土俵にノコノコ上がってしまったので、悔しい思いをしたのです。

自分のペースでゆっくり丁寧にやりたいのに、それを急かす人がいますが、そのような人に対して不愉快にならなくていいのです。相手は「このくらいの仕事はこのくらいの時間でやるのが当たり前」という土俵にいて、「ゆっくり丁寧に」という土俵にいるあなたを引き込もうとしているのです。

あなたのペースを乱す人の中には、あなたが歩いている道から脇道にそらそうとしている人がいるのです。その人にとっては、その脇道が自分のテリトリーなのです。

〝土俵の違い〟をほんの少し意識するだけで、悪い影響から逃げられることがとても多くなります。

↓

相手の土俵には乗らない

〝ほどほど〟が一番うまくいく、と仏さまも言っています

出家したお釈迦さまは、苦（都合通りにならないこと）を超越しようと、山にこもってストイックなまでに難行苦行をします。しかし六年たったある日、「こんな極端なことをしていても、苦はなくならない」と気づいて山をおります。その後、一週間にわたって菩提樹《ぼだいじゅ》の下で静かに瞑想し、三十五歳で悟りを開きます。

このエピソードから、お釈迦さまの教えの中に〝中道《ちゅうどう》〟が説かれることになります。**苦楽をはじめとして有無、善悪、正邪などの対立する概念のどちらか一方に偏らない見方や生き方をしたほうが、心おだやかになれると説くのです。**いわば**〝ほどほど〟のススメです。**

徹底的にやらないとなかなか納得できない、と私も思うことがあります。しかし、徹底的にやろうとすると、細かい所が気になります。**ビー玉で箱をいっぱいにしよう**

と箱の中に入れたのに、ビー玉同士の隙間《すきま》が気になってしまい、そこを小さなビー玉で埋めたくなるようなものです。しかし、球体をどこまで小さくして敷きつめても必ず隙間ができます。どこまでいってもきりがありません。あるいは、自転車のタイヤに空気を入れ始めて、まだ入る、まだ入ると空気入れを動かしていればタイヤがパーンと破裂してしまいます。**徹底的というのは、とても厄介です。**

やるだけやらないと気がすまない人はいるでしょう。お釈迦さまも六年間は難行苦行をやるだけやりました。

私の仲間の中にも、自分の居場所や自分の健康よりも、人助けを優先して東奔西走《とうほんせいそう》し、心も体もぼろぼろになってしまった人がいます（助ける側が、やりすぎて助けられる側になってしまったのです）。彼もまた、やるだけやって、わかったのです。

★人には「経験しないとわからないこと」がある

徹底的にやって、自分の能力の限界を越えてクタクタになることを何度か経験すると、「ほどほどでいい」「ほどほどがいい」と思えるようになります。

既にそれを経験している人は、ストイックなまでにのめりこむ人に「そんなに一生懸命にならないほうがいい」と忠告しますが、本人にすれば、中途半端なことはできない（したくない）とするしかないのです。

それがわかるので、私は、徹底的にやりたい人に会った時は、倒れるまでやらないと気がすまないのだろうと、そっとしておきます。私ができるのは、その人が疲労困《こん》憊《ぱい》してへたりこんだ時に、力を貸せるように準備しておくことくらいです。

いくつかの国語辞典で、中途半端は「物事の完成まで達しないままであること」と説明されています。英語で言えばunfinishedです。

この場合、「物事の完成」がどこまでを指すのかは、説明されていません。おそらく、自分が納得できる完成の理想像があるのでしょう。

それを踏まえてかどうかわかりませんが、『新明解国語辞典』では「物事を積極的に打ち切るのでも続行するのでもない、どっちつかずの状態だ」と説明しています。

キーワードは「積極的に」です。途中であろうと、中途半端であろうと、積極的にこれでいいと打ち切れば、中途半端ではありません。

コロナ禍で部屋の換気を「中途半端な換気」と批判する人もいれば、「ほどほどの換気」としてOKを出す人もいます。中途半端は嫌でも、積極的に「ここまででいいとしよう」とすれば〝ほどほど〟になるのです。

問題になるのは、自分の〝ほどほど〟が他の人には〝中途半端〟にしか見えない場合です。人間関係がギクシャクするなら、そこでも中道精神を生かして互いに妥協案や折衷案《せっちゅうあん》を出し合って折り合いをつけるしかありませんが、心身のバランスを崩してまで相手の徹底さに合わせる必要はないでしょう。

ちなみに英語で〝ほどほど〟はmoderate。意味は「節度を守って控えめに」です。もし、私が「あなたのやっていることは中途半端だ」と批判されたら、**「水墨画の美しさは余白の美しさです。西洋絵画のように徹底的に色でキャンバスを埋めるのがいいのか、私ははなはだ疑問に思うのです」**と答えてやり過ごすでしょう。

「中途半端」と「覚悟した積極的な〝ほどほど〟」は、同じ状態です。

↓自分で「ここまで」と決められる人は、強い

ベストタイミングは、常に、「今」なのです

何かをはじめて、どうにかできるようになるには三年あればいいでしょう。十年やりつづければ、教えられるようにもなります。

お寺に来るお年寄りの多くが「字に自信がないからお習字をやりたかったんですけどね」「フラワーアレンジメントをやってみたかったんですけどね」と、やらなかったことを後悔して、寂しそうにおっしゃいます。皆さん、本当は「でも、年を取って、気力も体力も記憶力もなくなってしまったので、もうできません」と付け加えたいのはわかりきっていますが、私はそのさらに奥に、その方が抱える問題が潜んでいる気がしてなりません。

「どうせうまくなれないから」「うまくなれないと恥ずかしいから」という羞恥心《しゅうちしん》があると思うのです。

気力、体力、記憶力が少なくなったのですから、ついでに世間に対する羞恥心も少なくするなり、なくすなりすればいいと思うのですが、なかなか難しいようです。

私はお年寄りのそのような愚痴に対して、こんな決まり文句を用意しています。

「**やりたいならやればいいじゃないですか。この先、今日より若い日はありませんよ。残りの人生で、今日が一番若いんです。**

『年を取ったからやれない。もっと若いうちにやっておけば良かった』と思うなら、早くやりはじめないと、人生の日が暮れて、六尺の箱（柩《ひつぎ》のこと）の中に入って私に拝んでもらうことになりますよ」

そのように申し上げて、数カ月後に「住職さんが言ったことを本当だと思ったので、やりたかったことをはじめました」と報告してくれた人は……、**じつは一人もいません。**

私は、話を聞いてくれた人が実際にアクションを起こさなければ、布教（会話）の意味がないと思っています。だから、この先も手を替え品を替えて、何かをはじめるのに「もう遅い」はないことを皆さんにお伝えして、具体的な行動に結びつけてもらう挑戦をしつづけるつもりです。

★「どうせ」はこころの赤信号

何かはじめるのに「もう遅い」と思う人は、せっかくやるなら自分が想定している成果を出したいのでしょう。その成果が出そうにないので「どうせ」と躊躇《ちゅうちょ》します。「どうせ」は、やりもしないのに勝手に予想した時に出る言葉です。しかし、何事もやってみなければわかりません。

やってみた結果「やはり予想した通り、できなかった」となることはあるでしょう。しかし、**たかが数十年の経験からの予想など、外れることはよくあるのです。**

それがわかっているので、私は「**『どうせ』はこころの赤信号**」という言葉を紙に書いて机の前に貼り、自分を戒めているほどです。「どうせ」の代わりに「今更もう遅い」を入れても通用するでしょう。

成果が出ても出なくても、やりはじめることに意義があるのです。成果のレベルを下げてでもやりはじめて、「あの時、やっておけば良かった」といつまでも後悔するような生き方はしないほうがいいでしょう。

「なんだ、やりはじめたのにちっとも成果が出ないじゃないか。まったく恥ずかしい」と皮肉や文句をあなたに言う人は、前に進んで歩いているあなたについてくることもせず、その場に留まって吠えつづける犬のようなものだと思って、言わせておけばいいのです（下品なたとえですみません）。

何かをはじめるのに「もう遅い」はないと書いてきましたが、もう一つ大切なことをお伝えします。**それは、何かを終わらせる時にも「もう遅い」はないということです**。何らかの事情でやりつづけてきたことがあって、やめるにやめられないことがあるものです。たとえば、何年もゲーム漬けの日々を送り、社会人としてやることをやっていない、犯罪に手を染めつづける、食べるために嫌な仕事をつづけ、生活費のために離婚しない夫婦……などがこれに当たります。あなたの大切な一生を「今更……」や「どうせ……」で台無しにするのはやめにしましょう。

↓

「どうせ」なんて、一人で勝手にあきらめない

「時間を転がしている人」と、「時間に転がされている人」

お金は自分の裁量で使うもので、金儲けに夢中になれば、人がお金に使われるようなもので、本末転倒でしょう。ソクラテスはその本末を見失わないように、「金持ちがどんなにその富を自慢しても、それをどう使っているかわかるまでうらやましがったり、褒めたりしてはいけない」という名言を残しています。

ハムスターの小屋にある回し車は、遊具です。しかし、使い方を知らないハムスターが興味本位で乗りこめば、歩くと回転がどんどん速くなり、車から落ちて痛い目に遭います。これは、遊ぶための回し車に、遊ばれている状態です。**失敗を繰り返したベテランハムスターなら、逆回転させることだってできるようになります。**

お酒も楽しむことが大切でしょう。楽しむために飲みはじめたのに、そのうちに酒の力で酒が酒を欲するようになって楽しむ感覚は消え、ついに酒が人を飲むようになります。そうなればアルコール依存症、酒乱の仲間入りです。私のように「私が酒好きなのではありません。酒のほうが私を好きなのです」と言いはじめたら要注意でしょう。

これは、ギャンブルでも同じです。楽しんでギャンブルしているうちはいいのですが、負けを取り戻すためにやるようになったり、内緒で借金するようになったりすれば、堂々たるギャンブル依存症です。こうなると意志の力でどうにもならない精神疾《しっ》患《かん》です。早く治療しないと社会的な人間関係が崩壊していきます（詳しく知りたい方は、「ギャンブル依存症」をウェブで検索されることをおすすめします）。

お金への執着の強い人、回し車に回される初心者のハムスター、お酒に飲まれる人、ギャンブル依存症の厄介なところは、本人にその自覚がないという点です。

自覚がないまま、いつしか楽しむことから離れてしまい、一つのことに振りまわされるようになって、「そういえば、最初は楽しむためにはじめたのに、楽しむ感覚はどこへ、いつ置いてきた？」とふり返る余裕がなくなってしまうのです。

★定期的に「自分を振り返る」すごい効果

禅宗では、心が迷っていれば自分が法華《ほっけ》（仏や悟りの世界）に転がされ（心迷法華《しんめいほっけ》転《てん》）、悟りを開けば自ら法華を転がしていける（心悟転法華《しんごてんほっけ》）とする考え方があります。

この言葉を聞いてハッとした私は、その内容を忘れないように、**自分が少し夢中になっていることがあれば、「自分がこれを転じているか、これに転じられているか」を、半年に一回はチェックすることにしています。**

たとえば、昔レコードで聞いた洋楽をデジタルオーディオプレーヤーに大量に録音していたことがありました。その時の私は、「今を楽しむために昔の音楽を聞く」という本来の目的を置き去りにして、グッド・オールド・デイズ（古き良き時代）ばかりに浸っていたのです。

ある時、「私は、音楽を通して〝過去〟に転じられているのではないか」と思いました。そこから、最近の音楽も積極的に聞くようになりました。今では「過去を振り返るのは、何かを生みだす時だけでいい」の格言を座右の銘にしています。

人生も、楽しむためにあるでしょう。「人生とは……」と考えている間は、〝人生〟に転がされている状態で、他のだれでもない自分の人生を、自分で転がしているとは言えません。それは、急いで何かやっている時も同じです。

楽しむことを忘れて、急ぐことが目的になれば本末転倒です。

あなたは、自分がやっていることを楽しんでいますか。楽しさはあるにしても「急いでやらないと……」という思いが少しでもあれば、あなたは、やっていることに転がされていると考えたほうがいいでしょう。

あらためて、「楽しむ」という目的を心に刻みましょう。そうすれば、〝急ぐ〟ことさえ楽しく転がしていけるようになります。

↓

急ぐあまりに「楽しむこと」を忘れたら、意味がない

周りのペースに疲れた時の対処法

子どものころは、周囲との衝突を避け、安全に生きていくために、他人のやり方に合わせた〝いい人〟になろうとします。

それが、自分独自のやり方や考え方を持つようになる思春期を過ぎるまでつづいたり、そのまま大人になったりすると、〝いい人〟の前に〝どうでも〟がつくようになります。

〝どうでも〟がついても、つかなくても、〝いい人〟であれば、周囲との衝突は少なくなりますから、つつがなく生きていく処世術としてはいいかもしれません。それに、相手に合わせるのが自分なりの正しさ（自分の本心）なのであれば、それはそれで仕方ありません。

しかし、相手に合わせて衝突を回避する術が大切な一方で、相手のやり方を尊重して一歩さがって譲る。譲った上で、もし相手が間違った時のために、慰《なぐさ》めたり、励ましたりすることを考えて、対処法を身につけておくほうが、胸を張って生きていけるでしょう。

★「規格品」の人生か、「特注品」の人生か

嫌われないために相手のペースに合わせたり、顔色をうかがったりして生きるのは、相手の規格に合わせた製品を作っているようなものです。

製造業であれば、顧客のニーズに合わせた特注品を作ることもあるでしょう。それで商売が成り立ちますし、何よりも、それを可能にする技術、知識、経験、アイデアなどを持っているということです。

古着やアクセサリーをリメイクしてくれる職人もいますが、それができるのは、その人に技術があるからです。もちろん、それに付随する知識も経験も積んでいるので、顧客のニーズに対して「それはやめたほうがいいでしょう。なぜなら……」「それよりも、こうしたほうがいいですよ」と意見を言うこともできます。

それが職人としての技量ですし、そのような職人だから、顧客から信頼されるのです。

ところが、相手に合わせて摩擦《まさつ》を少なくし、ことを荒立てないように生きていく処世術を身につけてしまう人は、何が正しいのか、自分が何をしてあげたいのかが明確にならないまま、他人に合わせて生きていくことになります。まるで、自己保身のために体の色を変えるカメレオンのようなものかもしれません。

相手の望む通りにしてあげるのが自分の目的ならそれはそれでいいのですが、そこに技術や経験がないと、正しい忠告もできないでしょう。そのままでは共倒れになることもあります。

差し障《さわ》りがあったら申し訳ないのですが、だまされつづけ、何度もひどい目に遭っているのに相手を信じ、「私がいないとこの人はダメになる」と勝手に思い込んで、のっぴきならない状況になるDVの被害者は少なくありません。加害者も被害者も共倒れです。

また、**嫌われたくないからと、相手に合わせてしまう人は「嫌われないように」というおどおどした心が、ふとした言動に現れるものです。これという芯がないので、いざというときに頼りになりません。その結果として、周囲から信頼されることも少なくなります。**

★「理想の人ならこんな時どうする？」と考える

知り合いの自称〝商売人〟に、どんな節税対策をしているか聞いてみたことがあります。彼の答えは、こうでした。

「僕は商売人です。どうしたら節税になるかを考える時間があれば、その時間でどう儲けるかを考えますよ」

つまり、彼と私とでは、視点が違うのです。私が自分で作った座右の銘に、「みんなに好かれる人よりも、みんなを好きになれる人」というものがありますが、これも、視点を変えて心を楽にする方法です。

「みんなに合わせる」という視点ではなく、「みんなに合わせても対応できる、余り

ある力をつける」という視点で生きていったほうがいいでしょう。

仕事だけでなく、散歩や食事などは、相手のペースに合わせることも必要です。相手の心情に寄り添って共感する力も大切です。しかし、それは知識と経験と技術があってのことです。

相手のペースに合わせ、顔色をうかがうことに疲れを感じるなら、「衝突」という波風を避けていている間に、自分の理想としている人ならどう考え、どうするかを想像して、実力をコツコツ蓄えておきたいものですね。

↓
周りに合わせてもブレない〝余裕〟を身につける

そもそも「ご縁」とは何？——「大切なもの」を取り逃さないために、知っておきたいこと

〝今を生きる〟は、仏教系の標語としてよく目にする言葉です。この言葉を見て「そんなことは当たり前でしょ。タイムマシンじゃあるまいし、過去には戻れないし、未来に生きるわけにもいかないでしょ」と言いたくなる人はいるでしょう。

ところが、「昔は良かった」「昔は私だって……」と、過去を思い出して、それに浸って今を生きている人は少なくないのです。何の準備もしないまま、未来の自分を夢見て、今をおろそかに生きている人もいるのです。

「**過去は過ぎ去った。未来はまだ来ない。今なすべきことをなせ**（名取意訳）」は、『中部経典』にあるお釈迦さまの言葉です。

過去でもなく未来でもない〝今〟しか生きることができないのに、それをしないで心おだやかになれない人に対しておっしゃった言葉でしょう。

そこから、「今を大切にして生きる」が強調されるようになり、たびたび目にするようになったと思われます。

★「縁」とはつまり、カプセルトイのようなもの

仏教がことさらに〝今〟を説くもう一つの理由は、縁起という大法則を土台にしているからです。たとえば、あなたが今、本書を読んでいるというのは一つの結果です。それはさまざまな縁が寄り集まった結果です。

それらの縁の中には、自分で作れる縁もあります。急かされている気がするので何とかしたいと思う、その解決方法が書いてある本を探す、本を買う、ページを開くなどは自分で作った縁です。そこに、私が本書を書いた、書くだけの内容を経験し、勉強をした、書く時間があったなどの縁が加わります。

さらに、紙が発明された、文字が作られた、あなたが読んでいる本の紙の原料の木があり、その木を育てた太陽の光や熱があり、雨が降ったなど、少し考えただけでも**数千の縁が結実して、今、あなたが本書を読んでいるという結果になりました。**

驚くべきは、それらの縁の数をはるかにしのぐ数の〝起こらなかったこと〟という縁が周辺を固めています。

体調が悪ければ本は読めませんから、「体調が悪くならなかった」という縁もあるのです。照明がなければ文字を読めないでしょうから、「停電にならなかった」という縁も加わっています。

仏教の縁起論には、一つの縁が加わると膨大な数の結果の可能性が生じ、そのうち一つがほぼランダムに現れるという考え方があります。カプセルトイにお金を入れてハンドルを回すと、どのカプセルが出てくるかわからないのと同じです。

結果を導き出す縁の中で、身近でかつ厄介なのは、**「時間の経過」**という縁の変化です。時間がたってしまうと、それにつられてさまざまな縁が動き始めます。床面が回転すると同時に個々のカップも回転する、遊園地にあるコーヒーカップの機械のようなものです。

ですから、多くのことの中で確かなのは、さまざまな縁が集まっている〝今〟しかありません。その一瞬を大切にしないと、一秒後には現在の状態が変化するので、大切なものを取り逃がす可能性が大きくなります。

右のようなことを考えて、今一瞬を生きている人は、私を含めてほとんどいないでしょう。しかし、多くの〝あった縁〟〝なかった縁〟が結実した今に集中して何かすることで、それが終わった後に「やっておいて良かった」と思えるものです。

細長いブロックを互い違いに組み合わせた塔から、一本ずつ順番にブロックを抜いて、塔の上に積み上げていくイギリス発祥のジェンガというテーブルゲームがあります。〝今に集中〟するのは、ブロックを一本抜く時に使う集中力のようなものでしょう。

うまく抜けた時にはほっとし、一つのことをなし遂げた充実感も味わえ、次のことに取り組むための気力も湧いてきます。

ふだん、あまり意識しない「今に集中」ですが、集中した後にそれを思い返してみると、徐々に〝今〟に集中できることが多くなっていきます。それが丁寧に生きるということだと思います。

↓「丁寧に生きる」練習、はじめましょう

2章

いちいち「気に病まない」

「迷惑をかけ合う」って案外、大事です

大学の授業で、教室の後ろのほうに座っていた学生の一人が、授業が始まっても帽子を脱がずにいました。先生は教壇から「帽子をかぶっている学生は、授業中は帽子を脱いでください」と注意します。しかし、当の学生は知らん顔。

先生は仕方なく教室のうしろまで行くと、帽子をかぶっている学生に「授業中は帽子を脱ぎなさい」と再び注意します。学生は「ウザイなぁ」と言わんばかりに先生を見上げて言いました。

「一番うしろの席にいるんだから、帽子をかぶっていても、だれにも迷惑をかけていないじゃないですか」

先生はすぐにこう答えました。

「迷惑かどうかは、あなたが決める問題ではありません。**迷惑は、かけられたほうが**

決める問題なのです。

授業をする私は、部屋の中で帽子をかぶっているのは非常識な人だと思っています。その非常識な人が教室にいるのは、とても迷惑なのです。

だから、帽子を取ってください。それが嫌ならば、教室から出ていってください」

学生は何も言えずに、不貞腐《ふてくさ》れたように帽子を脱いだそうです。

既に別項でお伝えしたように「迷惑かどうかは相手が決め、幸せかどうかは自分が決める問題」です。

何を迷惑と感じるかは人によってさまざまです。ここが肝心なところでしょう。**相手が何を迷惑に感じるかはっきりしない以上、迷惑をかけるのはお互いさまなのです。**

「私はあなたに迷惑をかけていないのに、あなたは私に迷惑をかけている」と言うのは、大いなる勘違いをもとにしているということです。

もし私がそのように言われたら「そのようなことを平気で他人に言うあなたが、私の知り合いだという事実。そのことが、私にとっては迷惑なのです」と返すでしょう。

★人生は「芋洗い」のようなもの

私たちは、実生活で〝迷惑です〟と相手に向って言うことはほとんどありません。その代わりとして「それは困ります」「お心遣いはありがたいのですが、申し訳ありません」などが〝迷惑です〟の意味で使われます。

「ご迷惑でしょうが」「ご迷惑ではありませんでしたか」など、相手への迷惑を気づかって使うことがありますが、**「迷惑をかけ合う」のが当たり前で、それが大事なことだとわかっている人は「なーに、お互いさまですから」と笑顔で答えてくれます。**

私が住職をしているお寺を会場にして行った「話の寺子屋」の講師をしてくれた元ニッポン放送の故・村上正行アナウンサーは、私を含めた参加者に何度か「**私は芋《いも》を洗う時の棒なんですよ。でも、芋がきれいな芋になるのは、芋どうしがこすれ合うからなんです**」とおっしゃいました。

大勢の人で混雑している様子を〝芋を洗うように〟と表現することがあります。芋の外皮や汚れを取り除くために、桶《おけ》にたくさん芋を入れて棒でかき混ぜることからそのように言われるようになりました。

村上さんがおっしゃったのは、会に参加している人たち同士が切磋琢磨《せっさたくま》しておしゃべりのレベルを上げていくということです。状況としては、芋どうしが迷惑をかけ合いながらきれいになっていくということです。

会社や家族には、集団としていくつかの目標があり、そのためのやり方があります。小さなチームで取り組むこともありますし、チーム内でも互いに意見を出し合います。小さなチームがいくつかまとまって、一つの目標を達成することもあります。

この場合、集団のやり方や目標が、桶の中で回して一定の方向性を生みだすための棒にあたります。

しかし、棒は一つの流れを作るだけです。棒が芋をきれいにするわけではありません。芋がきれいになるのは、芋どうしがこすれるから、迷惑をかけ合うからなのです。

食事の支度で、次に芋を洗う時、それを思い出しながらやってみてください。

↓たくさんこすれるから、魅力が増す

その「うっかり」が、相手への〝いい刺激〟になるかもしれない

お釈迦さまはどうして悟りを開けたのだろう……。

その答えに、二つの流れがあります。

一つは何度も生まれ変わり（輪廻《りんね》し）ながら修行を重ねた結果、ついに悟りという花が咲いたという考え方で、主にスリランカやカンボジア、タイなど南方に伝わっています。

もう一つが中国を経て日本に入ってきたもので、お釈迦さまを悟らせる力が働いたからという考え方です。**この「働いた力」とは、お釈迦さまが悟りを開く三十五歳までに経験したほとんどすべての事柄と言っていいでしょう。お釈迦さまは、それらすべてを悟りの材料にしたのです。**

昼夜があり、月が満ち欠けし、星がめぐり、太陽が昇るとすべての物の形がはっき

りするなどの自然現象や、四季折々の変化もお釈迦さまの感性や思考にさまざまな影響を与えたはずです。

残念ながらお母さんはお釈迦さまを出産して一週間ほどで亡くなってしまいましたが、お釈迦さまは王子として生まれたので、そばには父である王の家来もたくさんいたでしょう。家来の中にはやさしい人も、見え透《す》いたお世辞を言ったり、他人の悪口を言ったりしてうまく取り入ろうとしたずるい人も、いたはずです。

何かに急かされるように落ち着きのない暮らしをしている人も、まるで時間が無限にあるかのようにのんきに構えている人も、他人に厳しく自分に甘い人、他人に甘く自分に厳しい人、自己肯定感の高い人、低い人、財産があれば幸せだと思う人、心おだやかなのが幸せだとする人もいたはずです。

毎日不機嫌の種を探しては不平不満を述べつづける人、なるようになると達観している人、幼稚と若さとを勘違いしている人、自慢話ばかりする人、人の意見に耳を傾けられる人にも出会ったでしょう。

こうしたすべての経験を踏まえて、ご自身でも多くのことを感じ、考えたはずです。その体験がすべて材料になり、二千五百年前に三十五歳で悟りを開きました。

★仏教とは、普通の人が悟りを開くための〝レシピ〟なのです

こうした材料を分類すると約二千になり、それが密教の曼荼羅で描かれる多くの仏である、というのが私の推測です。言い換えれば、お釈迦さまは二千の素材や調味料を使って〝悟り〟という料理を作り上げたと言ってもいいでしょう。

大切なのは、お釈迦さまが使った材料は、時を経た現在でもそのまま私たちの周りにあるということです。その材料を使えば、あなたや私にも悟りが開けます。仏教はそのためのレシピです。

他人が怒ったり、苦しんだりしている姿を材料にすれば「人は自分の都合通りにならないことに対してネガティブやマイナスの感情を抱くのか。だとすれば〝自分の都合〟というのは厄介だ。心おだやかでいるためには、この〝自分の都合〟を何とかしないといけないな」と気づけます。

これを**小さな悟り**（**別解脱**《べつげだつ》）と言います。

お金がすべてとばかりに金儲けに走り金持ちになった人をうらやましく思っている

人を材料にすれば「お金があるから偉いというわけではないだろう。ヤドカリの大きさは背負っている貝の大きさではないように、いくらお金を持っているからといってその人の価値とは関係がないだろう。持っているお金を何に使っているかを知らないうちは、へたにうらやましがらないほうがいい」と気づくこともできます。これも小さな悟りです。

このように、私たちは他人の言動を見て、それがいい刺激になって、多くのことに気づけます。

ですから、あなたの言動も他の人にとって、多くの気づきの材料になります。あなたがうっかりミスをしても、それが刺激になってより良い方向に向かう他の人がいるということです。

何か失敗をしても、あまり自分を責めなくていいですよ。必要な時に他人が責めてくれます。責められるまでは、ビクビクするのも、ほどほどにしておきませんか。

↓「それもいいよね」と肯定できると、一皮むける

どうしても合わない人は、せいぜい十人
——他人に〝深入りしない〟技術

私たちは、子どものころに、親や先生から「みんなと仲良くしなさい」と言われます。

たしかに、だれとも仲良くできれば、衝突することなく、けんかもしないで済むので、生きていくのがとても楽になります。幼稚園や小学校では、周りで小さな衝突やあらそいが多発するので、「だれとも仲良く」の言葉が心にペタリと張りついてしまう人もいるでしょう。

そのような人の中には、みんなと仲良くできない自分をダメだと責める人もいます。

私もそうでした。

しかし、今では「**だれとでも合わせられない私はまだまだな**」と**ニッコリして、だれとも合わせられる練習を楽しんでできるようになりました。**

私は、気の合う人は十人いればいいと思っています。気の合わない人も十人くらいが関の山で、**その他の人は「気が合うかどうかもわからない人」でいい**のです。

日常生活での問題は、気の合わない人とも顔を合わせたり、コミュニケーションを取ったりしなければならないことでしょう。

ですから、**仲良くするように努力しなければならない対象は、せいぜい十人ほど**です。そう考えれば、それほど難しくなさそうです。

★どうしても合わない人には、「こんな線を引く」が有効

私が取り組んでいる練習の一つは、自分のことは横に置いて、相手にとことん関心を持つ練習です。関心を持つのは、主に、気になる相手のしぐさや行動、そして考え方や話し方です。そこが自分と違うから、気が合わないのです。

まずは、相手はどうしてそんなしぐさや行動をするのか、どうしてそんなしゃべり方をするのか、いったいどんな考え方をしているのだろうと推測します。

気心が知れている人には「どうしてお茶碗をそんな不思議な持ち方をするの？」と

直接聞けますが、そうでなければ、直接相手に尋ねることはできません。残念ながらこちらの人生経験が浅いので確かなことはわかりませんが、推測くらいはできるでしょう。

自分の推測に自信が持てないなら、周りの人に「どうしてあの人は……」と聞いてもいいでしょう。そうすれば、「なるほどね。そういうことなら仕方がないね」と、相手に共感できることが増えます。

それでも、自分との違いに納得できず「信じられない」という言葉が出そうなら、それは〝信じている〟あなたに問題があります。

相手の言動に賛同する必要はありません。

理解だけすればいいのです。

★「わかるよ」と「同意する」は違う

ここが日本人の苦手なところでしょう。

会話で「わかるよ」は英語なら understand（理解する）です。賛同や同意は agree

です。ところが日本人は「わかるなら私と一緒にやろうよ」と、理解と同意を同じものと考えたくなってしまいます。しかし、「あなたがやりたいのはわかるけど、私は一緒にやらない」、つまり**「理解はするけど同意しない」という接し方があってもいいのです。**

この方法を使えば、比較的簡単に、相手との間に線を一本引けます。相手との相互作用は微弱になり、気の合わないことも気になりにくくなります。

★「サラリとかわす」ができると、格好いい！

くりかえしになりますが、「気の合わない人」を、無理をして「気の合う人」にしなくてもいいのです。

嫌いな人を好きな人にする労力は、他に回したほうがいいでしょう。好きでも嫌いでもない、気が合うわけでも合わないわけでもないニュートラルな人のカテゴリーに入ってもらえばじゅうぶんです。（それでも、気の合う人の仲間入りをさせて自分の心をおだやかにしたいなら、相手と自分の共通項に気づいてみてください。共通項があれば、相手に対するやさしさが発生し、相手を受け入れやすくなります)。

実際に気の合わない人との間に線が一本引けるようになると、その人とは挨拶程度の関係になります。

相手を無視するわけではなく、相手が何か話しかけてきたら「そうなんですか。良かったですね」と簡単な感想を言うに留められるようになります。「そう言えば……」などと、深入りはしません。**SNSでいえば「いいね」のスタンプを送るくらいで、コメントは不要な関係です。**

気の合わない人との間にクレバスのような深い溝《みぞ》を作るには及びません、線を一本引けばいいだけ。それだけです。

↓

「心の器」を大きくする、芳彦流《ほうげん》・ワーク

つい、自分に「ダメ出し」をしたくなった時が、大チャンス

お寺は基本的に地域に根ざしていて、多くの檀家はサンダル履きで自転車に乗ってお墓参りに来られる場所に住んでいます。明治になって、僧侶も結婚していいし、お肉も食べていいという（肉食妻帯勝手たるべし）というお触れが政府から出て、世襲が増えました。これで、住職一家はその土地のお寺に代々住むという流れが生まれます。

檀家からお寺を任された僧侶は引っ越しすることもなく、その地に定住することが多くなるので、保護司や民生委員のほか、地元の小中学校のPTAなどのお役が回ってくるのは仕方がないでしょう。私もご多分に漏れず、檀家の長老たちに外堀を埋められて、小学校のPTA会長を引き受けざるをえなくなりました。

同期の会長の中にもう一人、仏教系大学の講師やテレビ番組の監修を務めるほど優

秀な僧侶のYさんがいました。私よりも長くPTAに関わっていたYさんだけあって、僧侶らしい思考でPTA活動に参加していました。

ある時Yさんが、学校で行われるテストやドリルについて話をしているのを聞いて、私は目からウロコが落ちる思いがしました。

「入学試験などの選抜するためのテストと違って、普段学校で行われるテストは良い点を取るためにやるわけではありません。自分ができていないところ、わかっていないところをはっきりさせるのが目的です。

仮に八十点取れたら、正解した箇所についてはもう勉強しなくていいという意味です。間違ってしまった二十点が自分のわかっていないところです。その場所がはっきりしたのですから、後はその二十点分を勉強すればいいのです」

まったく名言だと思いました。八十五点以上の答案用紙でないと親に見せなかった私が、この話を小学生の時に聞いていれば、私の勉強の仕方は大きく変わっていたでしょう。

Yさんのこうした思考がなぜ僧侶らしいかといえば、仏教の基本に**「無明《むみょう》の自覚」**があるからです。

無明は闇《やみ》の中にいるということです。いろいろなことに悩み、もがき、失敗し、自己嫌悪に陥るような状況が無明です。

「無明の自覚」を私流に言えば、私はまだまだ、私ってダメだと気づくことです。仏教は、この「無明の自覚」からがスタートです。ダメな自分に気づくからこそ、どうにかしよう、どうにかしたいと重い腰が上がるのです。

仏教に限らず、宗教は多少なりとも、こうした自己否定（キリスト教の「原罪」など）がスタートになっている気がしますが、少なくとも**仏教は「私ってまだまだ」という気づきが大切だと説きます。**私もそう思います。

★できなかったことは「ノビシロにすればいい」だけ

自分の至らなさに気づく「無明の自覚」を学校で行われるテストに当てはめれば、Yさんの言う「**自分ができていないところを教えてくれるのがテスト。だから、後はできなかったところを勉強すればいい**」になります。

こんなことで悩んだり、怒ったり、落ちこんだりする自分はまだまだだと、自分否定するのはとても勇気が必要です。しかし、その時こそが勇気の発揮のしどころでしょう。軽い自己否定でもいいので、そこを通過しないと、できないことができるようになりません。

私は自作の**「できないことをするのを練習という」**を座右の銘にしています。「できないことをするのを修行という」と言い換えても同じです。

できることはもう練習しなくてもいいのです。できるようになったことを〝持続させる〟のも一つの課題なので、練習しつづけなくてはいけないこともあります。

もっと身近な言い方をすれば、できないことがあるダメな自分には、できるようになるノビシロが、まだあるということです。

自分に「ダメ出し」をしたくなったら、これでダメなところが何なのかはっきりした、後はそのダメな部分をよくしていけばいい、私にはまだノビシロがあるということだ、と思ってみてください。昨日より今日、今日より明日が、確実に輝いてきます。

↓

「次はもっとうまくできるはず！」と切り替えよう

「歩く幅しかない道」を歩いていませんか？
——もうちょっと〝いい加減〟になっても大丈夫

話し方の勉強会を月に一回、お寺の本堂でしていた時、講師の故・村上正行アナが「**話すための原稿は書いてはいけない**」とおっしゃったことがありました。参加者は十二人ほどでした。

人前で話をするのに、アンチョコ代わりの原稿があれば安心できると思っていた五、六人は目を丸くしました。その表情を見て、村上さんは言いました。

「話の基本は、いかに自然にしゃべるかです。〝明日起きたら、親に何と言って挨拶しようか〟と考えて寝る人はいないでしょう。『お母さん、おはようございます。今日も朝から家事をテキパキとこなして、いつも感謝しています』なんて言えば、『熱でもあるんじゃないの』あるいは『まだ夢でも見ているの』と言われてしまいます。

原稿を自然に読むというのは、私たちプロのアナウンサーがやっても、とても難しいものです。それを素人のみなさんがやろうとしても無理です。

原稿を書くというのは、自分は道幅が六十センチあれば歩けるからといって、道の両側をショベルカーでごっそり削《けず》ってしまうようなものです。私たちが安心して歩けるのは、たとえ幅六十センチしか使って歩いていなくても、平面上でそこからは外れても歩けるという安心感があるからです。

両側が崖《がけ》になっている幅六十センチの道など、怖くて歩けないでしょう。仮に歩けたとしても、そこしか歩けません。原稿を書くというのは、そういうことです」

私が原稿を書いて法話をしたのは一度だけ。二十二歳の時でした。

二十分の話を頼まれたのでゆっくり話すつもりで、四百字詰め原稿用紙十五、六枚書いたでしょう。

それを丸暗記して、原稿をたもとに入れて法話に臨みましたが、緊張で早口になり、わずか十三分で終わってしまいました。原稿にベッタリだった私は、その後の時間に何を話していいかわからず「少しお時間が早いようですが、これで失礼します」と脂汗を流して下がりました。

何人かが拍手をしてくれましたが、その拍手は「若いのによく頑張った」という称賛のそれではなく、「これ以上、たどたどしい、無味乾燥な、原稿を棒読みしたような法話を聞かなくてよかった」という安堵《あんど》の拍手だったに違いありません。以来、書いた原稿で法話をしたことは、一度もありません。

★つい、「崖から落ちるような気持ち」になったら

時々、周囲の流れに乗ることができずに、そこからはみ出している気がするとおっしゃる人に出会うことがあります。前の「原稿としゃべり」のエピソードで言えば、みんなが幅六十センチの道を歩いているのに、そこからはみ出すのは崖から落ちることを意味するのかもしれません。そう考えれば、はみ出すことに生きづらさを感じるのは無理もありません。

そうした生きづらさをなくして、自分の居場所を作るには、二つの方法があります。

一つは六十センチの幅の中で歩くこと。無理に周囲に合わせることです。

しかし、無理をして歩けばフラフラになってまた崖から転落する危険があります。

そうならないためには、人波の中で余裕を持って歩ける力が必要でしょう。つまり、

自分の能力より劣るレベルの中で、他に合わせて生きるのです（残念ながら、このやり方をしていれば、今以上の力をつけることはできません）。

もう一つは、他の人たちが六十センチの幅を使って歩いていても、自分はもっと幅が広い道を想定しておくのです。これは、原稿を書かない、原稿に縛られないしゃべりをする方法と同じです。

他の人が〝精一杯、一〇〇%の力を出し切って仕事をする〟という道を歩いているなら、自分は〝六〇%でいいとする〟と幅を広げて考えるのです。そんなことをしたら、白い目で見られてそこに居づらくなると心配になるでしょうが、「そこに留まらないといけない」という考え方自体、書いた原稿のようなものです。

「留まればいいけれど、それが無理なら別の生き方もある」と、どんな状況になっても、自分で思い込んでいる狭い道幅を広げていけばいいのです。だれが文句を言おうと、あなたの人生はあなただけのもの。あなたが歩く、あなたの人生の道なのです。

↓自分らしく、のびのび振る舞えるヒント

お釈迦さまの弟子だって、「ポケーッとした人」ほど出世した！

鎌倉時代の歌人・随筆家の鴨長明《かものちょうめい》は『方丈記《ほうじょうき》』の最後で、自分のことをしみじみとふり返って次のように書いています。

「私は心の中で自問するのです……。世間を離れて、山深い場所に住居を移し、そこで生活しているのは、心の修養をして仏道を歩もうとするためのはずだ。しかし、姿こそ出家のそれだが、心は煩悩に染まっている。浄名居士《こじ》の方丈（約三メートル四方）の家を真似た家に住んではいるが、やっていることは周利槃特《しゅりはんどく》にさえ及ばないではないか。云々《うんぬん》」

この中に登場する浄名居士は、『維摩経《ゆいまぎょう》』の主人公の維摩居士のこと。大富豪で、出家しているわけではないのに、仏教の教えに精通していて、論議するとお釈迦さまの弟子たちをコテンパンに負かしてしまうほどの人物です。

四畳半（方丈）ほどの部屋で暮らしていますが、維摩が仏教の話を始めると、その部屋に数万の仏や菩薩たちが聴聞《ちょうもん》に来るなど、不思議な時空が出現する設定で展開するお話です。

大乗仏教では理想的な人物として有名ですから、鴨長明も維摩居士にならって、小さく粗末な家に住んでいたのでしょう。

★「塵を払え、垢を除け」の本当の意味

もう一人の周利槃特は、兄弟でお釈迦さまの弟子になった、弟のほうです。自分の名前も忘れてしまうほど愚鈍《ぐどん》で物覚えが悪かったと言われます。お経を唱えることも、覚えることもできない弟を見て、兄は「おまえには無理だから、家に帰れ」とすすめますが、弟は言うことを聞きません。

それを聞いたお釈迦さまは、周利槃特に「塵《ちり》を払え、垢《あか》を除け」という簡単な言葉を教えて、「その言葉を言いながら、掃除をしなさい」と命じます。

周利槃特は、来る日も来る日も「塵を払え、垢を除け」とつぶやきながら祇園精舎

の掃除に明け暮れます。

やがて、塵や垢は、心にある貪《むさぼ》りや怒りや愚かさのことだと気づいた彼は、掃除をしながら自分の心をきれいにして聖者になりました。

彼が埋葬されたお墓にはミョウガが生えたと言われることから、日本では「ミョウガを食べると物忘れをするようになる」という迷信が生まれました。

★ビンズルさんは、なぜ、いつもお堂の外にいる？

周利槃特の話は、賢者でも愚かな者でも差別されずに悟りの世界に入れる例として、また、愚かな人でも一つのことに一心に取り組めば聖者と言われるまでになる例として、よく紹介される話です。

トロいとか、テンネンと言われても臆《おく》することはありません。心おだやかになるには、そんなことは関係ないのです。

もう一人、出来の悪かったお弟子の話をご紹介しましょう。

お寺にお参りに行って、お堂の外に祀《まつ》られている座像のお坊さんを見たことがあるかもしれません。ビンズル尊者、おビンズルさん、別名「なで仏」として親しまれています。自分の体の悪い所と同じ場所のビンズル尊者の体をなでて良くしてもらう信仰が今に続いています。

この人物がお堂の外にいるには理由があります。

ビンズルは、念力で物を動かすことができる超能力の持ち主でした。ある時、街で、象使いが聴衆に向かって「この巨象の頭の上にある鉢はとても珍しいものだ。これを取った人に差し上げよう。ただし、象の鼻で叩かれようと、足で踏まれようと、私は知りません」と言います。

これを聞いたビンズルは珍しい鉢をお釈迦さまにプレゼントしようと、念力で鉢を浮かせて手に入れます。喜んでもらえるだろうとお釈迦さまに渡そうとすると、お釈迦さまは「おまえの能力は、自分の欲をかなえるためでもなければ、衆目の中で披露するためのものでもあるまい。それがわからぬとは情けない」と、悲しそうな顔をして受け取りません。

自分の愚かさに気づいたビンズルは「**私はお堂の中に入る資格はありません。これからはお堂の外で人々を救います**」と宣言しました。

ビンズルは、弟子として出来がよいほうではなかったでしょう。**しかし、自分の至らない点を自覚し、反省して、人助けなどの大きな目標に向かって進むことができたのです。**

仮に、出来がよくなくても、さまざまな方法で胸を張って生きることはできるのです。

↓

「弱さ」を認めると、「強さ」になる

「煩悩」や「苦」が多いほど、「心おだやかな時間」が増えていく

小学生に将来の夢を聞くと、パティシエ、サッカー選手、保育士、ユーチューバーなど、職業を答えます（実際には、小学生の6割ほどは、その時にはなかった新しい職業に就くそうです。社会の変化スピードが早くなっているためでしょう）。

小学生の保護者に将来の夢を聞くと、海外旅行がしたい、田舎暮らしがしたい、陶芸をやりたいなど、生活の夢を答えます。

仏教は、その先を問います。なりたい職業につけたとして、やってみたい生活ができるようになったとして、どんな人になりたいのですかと問いかけます。最終目標のようなものです。

この問いに対する仏教徒の答えは〝いつでも、どんなことが起こっても、心おだやかな人になりたい〟です。それが「悟り」と言っても過言ではないでしょう。

そんな人になれるはずがないと思われるかもしれません。しかし、仏教徒も、小学生も、保護者も、目標に憧れて、そこに向かっていくことに変わりはありません。

目標に向かうために、周囲に起きるさまざまなことを材料として集めていきます。

仏教徒なら、ネガティブやマイナスの感情が起きた時に、その原因を自らに問い、どうすれば解決するかを考えます。煩悩が多ければ多いほど苦は増えますが、逆にその苦の原因を見つけたり、解決できたりして心おだやかな時間が増えていくので、煩悩はそのまま悟りにつながっているという「煩悩《ぼんのう》即《そく》菩提《ぼだい》」という言葉もあるくらいです。

★私が思わずうなった、子ども相談の名回答

「将来、動物園の飼育員になるためには、どうすればいいですか」という子どもの質問に、ベテランの飼育員は「**動物園の動物たちはお客さんに見てもらうために飼われています。ですから、まず人を好きになってください。それが最も大切なことです**」と答えました。

ラジオの子ども相談のコーナーの一コマでしたが、日常の中に、なりたい職業への

ステップがあるから、そこを登っていきなさいとするアドバイスに、めったに独り言を言わない私が、思わず「素晴らしい」と声を出した名回答でした。

将来、田舎暮らしがしたいと夢見る人なら、今のうちから季節の節目の行事をしっかりこなす必要があるでしょう。田舎は都会とは比べ物にならないほど人間関係が密です。地域の運動会への参加はもとより、祭りにも参加することになります。田舎で暮らす前に、祭りのもとになっている節目を日常の中で営む感性がないと、田舎暮らしをするようになっても、遅かれ早かれ居づらくなるのは目に見えています。

★あなたの「こうなりたい」の土台にあるものは？

目標に向かうためのこうしたアプローチの仕方の中で気をつけたいのは、嫌われたくない、悪く思われたくないという〝恐怖〟をもとにしたやり方です。

みんなから好かれることは不可能ですが、それでも、人から好かれたいと思う人はいます。そのほうが生きやすいからです。そのために人に親切にしたり、言いなりになったりする人もいます。

それが純粋に「好かれたい」という気持ちからなら、まだいいのです。しかし、「嫌われたくない」という恐怖をもとにしているとしたら、アプローチの方法が違います。そのままでは、いつまでたっても「嫌われていないだろうか」「怒っていないだろうか」と相手の顔色をうかがわなくてはいけません。相手に嫌われていないかを確認するために、他の人に「私のこと、何て言っていた？」と、いちいち確認したくもなるでしょう。恐怖にオドオド、ビクビクして生きるのは勿体《もったい》ないです。仕事でも、

「とろいと人に怒られるからもっときびきび動くようにしないといけない」

「周囲に合わせないマイペースだと、変な人だと思われて、やりたい仕事もやらせてもらえないと困るから、周りに合わせよう」

という恐怖をもとにした処世術は、自分を萎縮《いしゅく》させてしまいます。

恐怖をもとにしないピュアな気持ちで目標に向かっていきましょう。あなたは将来、どんな人になりたいですか。

↓

〝前向きでピュアな気持ち〟で目標に向かおう

「だれかと比べようとする」と、相手も自分も、傷つきます

「比べて喜ぶと人を傷つける。比べて悲しむと己を失う」は、あるお坊さんが言った言葉だそうです。名言だと思います。

人と比べて自分のほうがお金持ちだとか、仕事ができるとか、やることが早いと優越感を持つのは、比べられたほうからすれば、自分は貧乏だとバカにされ、仕事ができないダメ人間と軽蔑され、のろまだと侮辱されたようなものです。

ですから、**比べて喜ぶと、比べられた人を傷つけることになります。**

一方、人と比べて自分は地味だとか目立たないとか、決断力がないと劣等感を抱いて自己嫌悪に陥れば、おごらずに質素に生きている素晴らしい自分にも気づかず、和《わ》光同塵《こうどうじん》で周囲に溶け込めるおだやかな性格であることも意識できず、慎重で危機管理に長《た》けている長所を生かすこともできません。**このように、比べて悲しむと自分の良**

さがわからなくなるので、〝己を失う〟のです。

★仏教が「比較から離れなさい」と説くわけ

仏教では、比べて感じる相対的な優越感や劣等感などの価値観は、比べる相手によって変わってしまい、心を惑《まど》わすもと、心を乱すもとであるとします。そのために、比べること（相対）から離れた〝絶対〟に価値を置きます。「他と比べずに、素晴らしい本当の自分を見ろ（知れ）」と説くのです。

そのほうが心おだやかでいられるのを、私も経験してわかりました。ですから、かつてのように、私が住職をしているお寺と他のお寺の規模や格を比べることはなくなりました。自分より若い人と会っても「まだ、若くていいですね」とうらやましがらずに、自分の年齢をそのまま生きていけるようになりました。

あらためて「とろい」「マイペース」「地味」「目立たない」ことに劣等感がある方に、その克服方法をお伝えします。

たとえば、比べて自分を「とろい」と卑下しているなら、目から鼻へ抜けるような理解力と対応力のある人に憧れているのでしょう。「マイペース」と皮肉を言われて引け目を感じるなら、自ら人をぐいぐいひっぱって進んでいく人に尊敬の念を抱いているかもしれません。「地味」で「目立たない」ことを負い目に感じているなら、自分も目立つような存在になりたい願望が心に潜んでいるのかもしれません。

比べることからは離れたほうがいいと申し上げましたが、**自分もそうなりたいと本気で思うなら、比べることも悪いことではありません。**

陸上の短距離競走で二位になった人が一位の人と比べてもいいのは、一位になるには何秒で走ればいいかがわかり、それをふまえて自分のタイムを縮めるように練習することです。単に「自分はダメだ」「二位で悔しい」と考えるのはほとんど意味がありません。自分の描く理想に向かって努力すればいいのです。

ここが肝心なところです。頭の回転が早い人も、他の人をひっぱっていける人も、派手で目立つ人も、そうなるために思考を巡らし、努力し、チェックしています。

出る杭《くい》は打たれますが、出るためにはそれなりの努力をしたり、気を張ったりしているのです。ぼーっとしていれば、他の出る杭に並ばれるか、追い抜かれます。それに負けないように、さらに努力しなければならないのです。

ある意味で、とても疲れるのです。疲れる上に、出る杭になれるかどうかはわかりません。それを覚悟した上で、あなたの時間と体力と気力を使う覚悟があれば、やってみる価値はあるでしょう。

その努力や覚悟はできないけれど、つい比べてしまう人は、自分は他の人を引き立たせる、目立たせるために一役買っていると考えるといいかもしれません。

うらやましいと思うのは、理想の状態に、自分がまだなっていないということです。理想の状態になれば、〝うらやましい〟という気持ちはなくなります。他と比べてうらやましがっている間は、理想の状態ではないので、けっして幸せになれないのです。

「比べること」や「うらやましいと思うこと」からは、なるべく遠ざかっていましょう。

↓自分の心とは、一生のお付き合い

「なるようになる、心配するな！」――一休さんの遺言に込められた、深～い意味

幼少時代からトンチに長《た》けていて、数々のエピソードが残っている一休さん（一三九四～一四八一。享年満八七）。室町時代の臨済宗の僧侶で、正式な名前（法名）は宗純《そうじゅん》といいます（一休はもう一つの法名のようなもの）。各地を巡って布教し、一四七四年（八十歳）で京都・大徳寺の住職になりますが、ほどなく大徳寺は後進に託して別の地に庵《いおり》を結んで住んだと言われます。

一休が大徳寺住職を辞するに際して、一つのエピソードがあります。

弟子を集めた一休は、紐《ひも》のかかった文箱を見せて言います。

「この中に遺言を書いて入れておいた。しかし、この箱は、私が死んだ後も、大徳寺が存続の危機に瀕《ひん》するまで開けてはならない」

高名な一休の遺言をすぐにも見たかった弟子たちでしたが、師僧の言うことですか

ら仕方なくそのまま箱をしまいました。

一休が亡くなった後、時がたって、大徳寺をのっぴきならない事態が襲います。弟子たちは、禅宗の教え、ひいては仏教の教えを維持し、広めるための中心として、大徳寺をなんとか存続させようと、後ろ盾の武将や公家に意見を求めたり、自分たちも知恵を出し合ったりしました。しかし、時の情勢で何がどうなるか不透明でした。

その時、だれが言うともなく「遺言の入った箱を開けるのは、今をおいて他にあるまい」と意見の一致を見ます。

弟子たちがそろう中、箱の紐が静かにほどかれ、ふたが開けられます。箱の中を見た弟子たちは不可解そうに互いの顔を見合わせます。

それもそのはずです。一休の遺言なので、巻物に書かれてあると思ったら、箱の中には半紙が一枚あるだけだったのです。

持ち上げられた半紙を見ると、そこにあったのは、たった二つの言葉。

なるようになる

心配するな

一休らしい、トンチの効いたエピソードだと思います。

★「運を天に任す」ためにできること

私たちは、何かに行き詰まると「なるようになるさ」と自棄《やけ》を起こしたように、それ以上関わりを持つことを放棄することがありますが、前の一休の言葉はそのような意味ではありません。

一休は、大徳寺存続の危機まで遺言の入っている箱を開けてはいけないと釘《くぎ》をさしました。そう言われてしまえば、簡単に箱を開けることはできません。ぎりぎりまで待って、最後の望みとしてしか見られないようにしたのです。

問題解決に向けて、考えられる方法を（二重三重のセーフティネットを含めて）すべて出し、試みることが大切だと、このエピソードは伝えている気がします。

自分たちの努力でできるだけのことをしたら、それ以上できることはありません。〝（後は）なるようになる〟としておけばいいし、〝心配しても仕方がない〟のです。そこから先は、運を天に任せて、事の成り行きを見守るしかありません。

見守っている中で新たな問題が起きたら、再び知恵を出し合い、試行錯誤して解決の道を模索すればいいのです。

★「死ぬまでちゃんと生きてくださいよ」

ぎりぎりまでやるだけやれば、後はなるようになるという考え方は、とても大切です。檀家のお年寄りに「住職、そろそろ私もあの世へ行きそうだから、その時は頼んだよ」と言われることがよくあります。住職として亡き人を仏さまの弟子としてあの世へ送るのは当たり前ですが、私は〝生きること〟に重きを置いてもらいたいと思っているので、**「大丈夫ですよ。人は死ぬまでちゃんと生きているんです。死んだ後のことは心配しないで、死ぬまでちゃんと生きてくださいよ」**と言います。

やるだけやったら、後は運を天に任せるなり、天命を待つ心構えでいればいいのです。それ以上、あなたにできることはないのですから。

↓「やるだけやる」覚悟が、新しい世界の扉を開く

3章

つい、人に「イライラ」しそうになったら

「こうすべき」を手放すと、世界が広がるよ

お釈迦さまが発見したことの一つは、一つの結果になるにはたくさんの縁が寄り集まったからという「縁起」の法則です。

56ページでも触れましたが、この法則はとても大事なので、ここでもう少し掘り下げてお伝えしましょう。

あなたが本書を読んでいるという結果も、たくさんの縁（条件）が集まった結果です。書店にたまたま入った、ネットの環境があった、本を買うお金があった、読む時間があった、平仮名、漢字、カタカナが読めて、文章を理解する能力があったなど、膨大な縁が集まった結果、今この文章を読んでいます。

これが、一つの結果は多くの縁が集まったものであるという「縁起」の法則です。

それらの縁の中には考えてわかるものもあれば、「今まで死ななかった」など、な

かなか気づかない縁もあります。

　こうした縁は、加わったり、なくなったりして（「なくなるという縁が加わった」と考えても同じです）、次々に入れ代わります。それにつれて結果も次々に変わります。

　結果を変化させる縁の中で、最も身近なのは〝時間の経過〟でしょう。時間が進むので、結果も次々に変化していきます。これを「無常」と言います。

　ここから、仏教では昔から「諸行無常」を説きます（「諸行」はすべての作られたものの意）。

　言われてみれば、どんなことでも変化するのは、当たり前ですが、私たちはつい「この幸せがいつまでも続く」「この苦悩は消えることはない」と思ってしまい、心が乱れます。

　仏教では、無常なものを常と思いこむ勘違いが心を乱す原因になると分析しているので、私も本書で、目に残像が現れるほど諸行無常を説明し、**「現在の状態にこだわらないほうがいい」**とおすすめしています。

★「その場にじっとして動かない」から苦しくなる

〝こだわり〟は、その場所にじっとして動かないことです。「こだわりの〜」「〜にこだわった逸品」なども、他の選択をしないという意味で、その場所にじっとしているということです。

ところが、同じ場所に留まっていても、諸行無常の法則によって、周囲は刻一刻と変化してしまいます。「この人への愛は変わらない」と、愛の居留地に永遠に留まろうとしても、結婚や子どもを持つことで、状況は大きく変化します。好きな人の長所だと思っていたことも、その長所と正反対の個性を持った人が現れると、そこを魅力的に感じたりします。

もし、愛した時と同じ心でいたければ、さまざまな変化に対応して、次々に手を打たなければなりません。好きな人の長所については、時にふれ、事にふれて、その長所の素晴らしさを再確認（アップデート）する必要があります。それはまるで、波打ち際に作った砂の山を崩さないように、次々に砂を補充し、形を整えつづけるようなものです。

申しあげたいのは、同じ状態にこだわれば心が乱れるということです。**そこから仏教では、「なるべくこだわりから離れていたほうがいい」と説きます。こだわりには「心が乱れる」という副産物が必ずついてくるのです。**

それでも、こだわりたい人はいるでしょう。その時は「心が乱れる」のを覚悟しておけばいいのです。心が乱れるのを承知でこだわるのと、心が乱れることを考えずにこだわるのとでは、変化が起こった時の心の乱れに、量、質ともに大きな違いがあります。

★この〝口グセ〟には要注意

経験上、「こだわり」は「〜すべき」「〜あるべき」という言葉になって表れます。「べき」が多ければ、比例して心乱れることも多くなります。

「〜すべき」「〜あるべき」と思っている人は、そうしない人のことが許せないので、心はおだやかになれません。最悪のシナリオは、自分自身がそうできなくなった時に、自分を許せないという結末です。

六十年ほど生きてきた経験上、多くのことは「べき」とこだわらなくても、たいした違いはなかっただろうと思います。

「べき」ではなく「～のほうがいい」くらいの幅を持っていたほうがいいし、それでじゅうぶん楽に生きていけます。

「べき」は、その人が決めたルールのようなもの。自分でたくさんルールを作って肩身の狭い思いをするより、**ルールは少なくしたほうが楽に生きられます。**

↓「あ～すべき」「こ～すべき」なんて考えない

つい、他人に「ダメ出し」をしたくなったら、こう考える

「人のやり方には三つある」は、ロバート・デ・ニーロ主演の映画『カジノ』に登場するセリフです。ラスベガスのカジノの支配人を任されたデ・ニーロのやり方に異を唱えた社員に対して、「**いいか、人のやり方には三つある。正しいやりかた、間違ったやり方、そして、俺のやり方だ**」と言って、サラリと提案を拒絶し、自分のやり方を貫きます。

このセリフを聞いた時、私はあまりの単純明快な真理に驚いて、そのシーンを何度も観てセリフをメモしました。

私も、今まで出会った人たちも、その三つのやり方しかしていません。**否、実はどんな人も三番目の「自分のやり方」しかしていないし、「自分のやり方」しかできないのです。**それを明確に気づいたのはこのセリフのおかげでした。

以来、他人のやり方に対してとても寛容になれました。

★お互いの〝正しいやり方〟をぶつけ合うからケンカになる

何か（歯磨き、入浴、仕事などおよそすべてのこと）をやる時、私たちはとりあえず、自分が正しいと思うやり方をします。あえて間違ったやり方をするのは、ヤケッパチになっているか、だれかを失敗の道連れにする時くらいでしょうから、あえて間違ったやり方をする人はいません。

ところが、正しいやり方も間違ったやり方も、やった時点ではそれが正しいか間違っているかを判断できません。時間が経過しないと結果は出ないのです。

この考え方は、仏教で善悪を説く場合も同様です。仏教は、いつでもどんなことが起こっても心おだやかになりたいと思う人のために説かれた、一つのコンテンツです。ですから、心がおだやかになるなら善、逆に心が乱れれば悪とします。

ところが、この善と悪は〝寄り集まる縁によって結果が変わっていく〟という諸行無常の法則によって、常に善を保ったり、悪のままでいたりすることはありません。

変化してしまうのです。

相手のためを思って手助けしたら、依存されるようになって、結果的に相手の自立をさまたげて、こちらの心が乱れることもあります。こんなことはしてはいけないとわかっているのにやってしまったことで後悔して、二度と同じ過ちをしなくなったばかりでなく、他人が同じ失敗をするのをくい止めることができるようになり、いくらか心がおだやかになることもあります。

時間が経過して出た善や悪の判断は、さらに時間が経過したり、他の縁が加わったりすることで、またひっくり返ることもあります。このように、善や悪は時間が経過しないと判断できず、その判断も不変ではないとします。

★「しばらく先」を想像してみる

話を、正しいやり方と間違ったやり方に戻します。やった時点では、正しいやり方なのか間違ったやり方なのかは判断できません。時間がたってはじめて正しかった、あるいは間違っていたと、暫定《ざんてい》的な判断ができるのです。

こうなると、私たちは、その時点で自分が正しいと思うやり方でしか、やることができません。正しいかどうかはわからないので、最終的には、人はだれでも「自分のやり方」でしかやれません。

「そんなことはない。私は自分のやり方でやりたかったけれど、仕方なく他人に指示されたやり方をしているのだ」と考える人はいるでしょう。**しかし、その場合も「他人に指示されたやり方でやるしかない」という、その人なりの自分のやり方なのです。**

〝自分のやり方〟は人それぞれで異なるので、他人のやり方が気に入らなくても、間違っていると思ってダメ出しをしたくなっても、

「人のやり方には三つある。正しいやり方、間違ったやり方、そして、自分のやり方だ。そして、正しいか間違っているかは後にならないとわからないから、この人は自分のやり方でやっているのだな」

と、許容できるようになります。

↓相手を受け入れる「器」を大きくする

「情熱がある」ほうが偉い、というカン違い

何かの信念があって、それにひっぱられるように、あるいは押されるようにまっしぐらに進む人がいます。

私は四十九歳になって、生まれて初めて一般書店に並ぶ本を書かせてもらうようになりました。それまでも、檀家さんのお葬式や法事を精一杯つとめる他に、在家の仏教讃歌のご詠歌をお伝えしたり、メロディのついたお経をライブハウスで唱えたりしていました。しかし、本の執筆は、日常に生かせる仏教的な考え方を、広範囲にお伝えすることのできる、強力なアイテムです。

本の場合、編集者が世の中の動きをリサーチして、どんなことで困っている人がいるのか、悩んでいる人がいるのかをもとに項目立てをしてくれます。私は、それらの問題に対する解決策を、仏教の教えを土台にして、提示する役目です。

それまでぼんやり過ごしていた私は、本を書くようになってはじめて、それらの悩みを仏教でどうやって解決するのかを考えることになりました。

そこでは、単なる知識はほとんど役に立ちません。

「諸行無常は大原則で、どんなものも同じ状態を保つことはありません」といくら書いても、私自身が日常に起こるさまざまなことに問題意識を持ち、その問題を諸行無常の教えというフィルターに通して心おだやかになれないと、意味がないと思うようになりました。

★なぜ、私のマイナス感情がとぐろを巻いたのか?

このようにして、心がおだやかになる時や事が増えていくにしたがって、私は皆さんにもその方法をお伝えしないと勿体ないと思うようになり、布教をしなければ申し訳ないという信念を抱くようになりました(「仏教の教えを本で伝えたいと思うなら、新刊を書きつづけなさい。新刊なら書店に並びます。新刊でなければ、よほど売れつづけないかぎり店頭から撤去されてしまいますから」と言ったのは、ある編集者でした。この言葉が私の信念をより強固なものにしました）。

今の私は布教に背中を押され、手を引っぱられて生きていると申しあげても過言ではありません。

当初、仲間の僧侶たちは「ガンバリすぎじゃないですか？　少しセーブしたらどうですか」と忠告してくれましたが、スタートダッシュしたばかりの私にすれば、「あなたたちこそ、もっと布教に時間と体力を傾けてはどうなのだ」と言いたくなりました。それどころか、自分が心血を注いでいるのに、それに共感するどころか水をさすような仲間の態度に、つい、イライラしてしまったこともありました。

ここが面白いところです。情熱というのは文字通り、ある一定以上の熱量で何かに取り組むことでしょう。**この熱を持っている人は、持っていない人に対して、侮蔑にも似た感情を抱くことがある**ということです。

私の布教に関して言えば、「なぜあなたたちはやらないのだ！」という怒りのような乱れが心に生じたことがあるのです。

これは、いつも急いでいる人、頑張っている人にも言えることでしょう。

熱を帯びたようにいつも急いだり、頑張ったりしている人は、そうしない人になかなか共感できずに、ピリピリします。

そうしない人に共感できるようになるのは、自分が急ぎすぎて、ガンバリすぎて、心身ともに疲労困憊してからなのかもしれません。

あるいは、自分の熱量が高すぎることに気づいて、急がなくてもいいかもしれない、頑張らなくてもいいかもしれないと、時に自分を冷静に見つめてクールダウンした結果、のんびりやっている人に共感できるようになるかもしれません。

★目標にさえ向かっていれば、大した違いはない

成果を出すことが仕事の目標なら、急ぐこと、頑張ることで目に見える結果が出ることはあるでしょう。**しかし、仕事の目標以上に大きな、〝どんな人になりたいか〟などの人生の目標レベルになると、それほど急がなくて、頑張らなくても、目標にさえ向かっていれば、結果に大きな違いはないように思われます。**

ちなみに、私の場合はいつでもどんなことが起こっても心おだやかな人になりたい

というのが目標です。

熱血、情熱など、熱には膨大なエネルギーが必要です。そのエネルギーを発散しつづけるのは、容易ではありません。

私も布教の活動の場を減らしはじめたり、午後九時以降に原稿を書くのをやめはじめたら、とても楽になってきました。

↓

〝しっかり者〟のあなたこそ、時にはユルくなっていい

どうしても理解できない〝あの人〟が教えてくれること

自分ができることは他の人にもできるだろう、できるはずだと思ってしまうのは人の常かもしれません。

その結果、「どうしてできないのだ」と心が乱れて憤《ふん》まんやる方なく、「私を見てみろ。ちゃんとできるんだ。私が、できるという生きた証拠だ。私だって努力してできるようになったのに、どうして、その努力ができないのだ」と怒りだす人もいます。

私も今まで、相手に直接怒りをぶつけなくても、心の中では「私にできることができないとは、まったく、何を考えているのだ！」とイラッとしたことが何度もありました。

特に、車から物を捨てる人に対して、沸点がとても低かった時期がありました。ポイと車外に捨てられたものを拾って、信号で止まった車の窓から「落としましたよ」

と投げ込みたくなる気持ちを抑えるのに苦労していました。

何度もイラッとしたおかげで、ある時「**こんなことに何度もイライラしているのは馬鹿げている**」と思いました。

その解決方法は、とても身近なところにありました。

車から物を捨てる人に対して「何を考えているんだ！」と怒っているだけではなく、**文字通り「この人は、何をどう考えているのだろう」と想像することにしたのです。**

最初は「公共道徳や他人の迷惑など、何も考えていないのだ」という結論でしたが、年を取ったおかげでしょうか、もう一歩踏みこんで想像することができるようになりました。

「ゴミを家に持ち帰っても、ゴミ箱がないのかもしれない」

「この人にとって、ゴミは服についた糸くずと同じなので、道に捨ててもかまわないと思っているのかもしれない」

と思って、〝かわいそうな人〟として憐れむことにしました。直接、本人を変えられないことに変わりはありませんが、そうすることで、相手への怒りは不憫《ふびん》さに変わりました。

★相手には、相手の事情がある

これと同様のことは「私ができるのに、あなたはどうしてできないのだ」にも当てはまります。「あなたはどうしてできないのだ」と怒ってしまうなら、その人ができない理由を想像してみるのです。

すぐに、いくつか理由を思いつくでしょう。

「あの人は私と違うのだな」

「今までに何度も挫折したことがあって、自分にはできないとあきらめているのかもしれない」

「私のようにやるための正当な、納得できる理由が、あの人には見つけることができないのかもしれない」

「それをやろうと思っても、あの人にとっては、今は別にやることがあって、優先順位が低いのだろう」……などです。

スーパーの店内などで、母親が子どもに「どうして言うことを聞かないの！」と怒りをあらわにしている光景に出くわすことがあります。

そんな時、私はかつての自分を思い出して、心の中で「お母さん、どうして言うことを聞かないかを本気で子どもの口から聞きたいですか。聞いても納得できないのは明白ですよ。でも、子どもなりに、言うことを聞かない理由はあるのです」とニヤリとします。

もちろん、「言うことを聞きなさい！」という命令より、「どうして言うことを聞かないの？」という疑問形のほうが、まだいいと思います。

命令は、相手に有無を言わせない強制力があり、独裁者のようでもあります。将来、年老いた時に、今度は子どもから「甘えるのもいい加減にしなよ」「もっと前向きに考えなよ」など、さまざまな命令を受けることになります。

子どもは親の言う通りには育ちません。親のするように育つものです。

★「聞いてみる」と、拍子抜けするほどスンナリわかる

他にも、モタモタしている人に対してカチンとして、「どうして、もっとテキパキ

と早くできないのだ」と言いたくなったら、その人がモタモタしている理由を想像してみればいいのです。

あるいは直接、本人にやさしく尋ねてみるといいでしょう。こちらには到底納得できないような答えでも、本人には本人なりの正当な理由があってモタモタしているのです。

相手の心情を察しようとするこうした生き方が、日常の心のおだやかさに果たす役割はとても大きいものです。

↓ “ダメな人”ほど、あなたの師匠かもしれない

私たちがついイライラしてしまう、〝根っこの理由〟

イライラすると、すごいスピードで心が動きだして、不思議なことにセカセカしてきます。イライラは時間の流れを早くする力があるのかもしれません。

だとすれば、何かにつけてイライラしている人は、心が老化するのも早いでしょう。心の老化が早ければ、それにともなった体の老化スピードも上がるでしょう。長生きしたければ、イライラしないほうがよさそうです。

イライラの原因はたくさんあるでしょうが、突き詰めてみれば、どれも〝自分の思い通りにならない〟ことです。

仏教では、イライラしたくなければ自分の都合（欲）を減らせと説きますが、どんなことにも通用する自分の都合の減らし方を身につけるのは、悟りでも開かないと難しいでしょう。イライラの多い私たちができることは、一つ一つのイライラに対処して心をおだやかにしていくことくらいです。

たとえば、スーパーのレジの列がなかなか進まないことにイライラすることがあります。先頭がどうなっているか背伸びをして見ることもあるでしょう。レジの人が学生のアルバイトで〝研修中〟のタグをつけているのではないかと目を凝らす人もいるかもしれません。

しかし、この場合、イライラの原因は、列がなかなか進まないことにはありません。**列が進まないのは事実なのです。今日の天気に文句を言っても仕方がないように、事実に苛立っても仕方がありません。イライラの原因は〝もっとどんどん進んで早く自分の番になればいいのに〟という自分の都合にあるのです。**

私は、列がなかなか進まないと感じた時点で、周囲の商品を片っ端から観察しはじめます。お菓子一つを見ても、自分が気づかなかった新商品が並んでいるものです。小麦粉一つ見ても、こんなに種類があるのかと驚きます。

そうなると、もっとゆっくり列が進んでくれれば、いろいろな物がじっくり見られるのにとさえ思えるようになります。

★「うらやましさ」が「ねたましさ」に変わる前に

あるいは、うらやましさがイライラの原因になっていることもあるかもしれません。

私もかつて大きなお寺がうらやましかった時期があります。何かイベントをするにもじゅうぶんな広さの境内があったり、お寺を経済的に維持できる数のお葬式や法事があったりすれば、ありがたいと思ったのです。

そんな時『角川類語新辞典』の【うらやましい】の項目を読んでいて、ハッとしました。その注意書きに「「うらやましい」には他人の状態に自分も到達したいという**気持ちがあり、「ねたましい」には他人をそこから引きずり下ろしたい気持ちが働いている**」と書いてあったのです。

大きなお寺をうらやましいと思っていた私に、自分のお寺もそうなりたいという気持ちがあったのは間違いありません。

しかし、そうなるためには自分の努力が欠かせないことに気づかないほど愚かではありませんでした。その努力はしたくありません。

考えてみれば、境内が広ければ掃除がたいへんです。お葬式や法事が多ければ、自分の時間がなくなってしまいます。そこまで考えた結果、大きなお寺をうらやましく思わなくなりました。

うらやましいと思うなら、自分もそうなるように努力すればいいのです。努力すれば必ず相手のようになれるわけではありませんが、少なくとも努力せずにうらやましがっているだけでは、現状は変わりません。

努力しないで〝うらやましさ〟を抱えていると、それがやがて〝ねたましさ〟に変質していきます。このねたましさが、イライラを生みだします。自分が相手のようになれないなら、相手をそこから引きずり下ろそうとするようになるのです。恐ろしい話です。イライラを侮《あなど》ってはいけません。自分をますますダメにするのも、おだやかな心になれるのも、イライラに対処しないか、するかに関わっているのです。

↓「イライラ」を、自分の糧にしよう

相手の言葉に「反射的にイラッと」しそうになったら

お寺には多くのお年寄りがいらっしゃいます。そのお年寄りが異口同音に「年は取りたくない」とおっしゃいます。同様に「住職さんは若くていいですね」と励まして（？）くれます。

「若いといっても、もう還暦を過ぎていますよ」と言うと、「でも、私に比べたら若いですもの」と、〝人は客観的な見方ができず、多くのことを自分を基準にして考えるクセがある〟ことを教えてくれます。

お年寄りが年を取りたくないと言うのは、若いころと比べて気力、体力、記憶力が低下したことを嘆いているのです。

年を取るデメリットだけを述べているのです。

しかし、〝三人寄れば文殊の知恵〟と言われるように、物事の本質は、三つの方向から見ないとつかむことはできません。

心おだやかになるための教えに特化したコンテンツである仏教は、うそや偽りのないものは素晴らしいという価値観を大切にします。

これに従えば、年を取ることにうそや偽りはないので素晴らしいという見方ができます。私もそう思います。

★「年を取ることは、許せることが増えること」

もう一つの見方は、年を取るメリットに焦点を当てます。

かつて「あなたは仕事が遅いって課長が言っていたよ」と同僚から聞いて、それが気になって夜も寝られず枕を濡らした人がいます。

しかし、経験を積めば、同じように「部長が、あなたのことを、丁寧な仕事にもほどがあるってぼやいていたよ」と言われても、

「あの人は課長の時から、自分のペースで他人を計って、文句ばかり言っているんだ。〝ぼやき〟が服を着て歩いているような人さ。他人を否定していると自分がどんどん

苦しくなっていくことに、まだ気づかないんだ。考えてみれば、かわいそうな人だよ」

と、軽くスルーできるようになります。

これは年を取った大きなメリットです。

年を取るメリットに注目した結果、私は「年を取るのは、許せることが増えること」という言葉を思いつき、紙に書いて机の前に貼っていた時期があります。

年を取るのは、それまで自分で多くの失敗をしたり、他の人の失敗を見たりしてきたということです。仮に細心の注意を払って失敗をしなかった人でも、注意を払うことがどれほど心がトゲトゲ、ギスギスさせたかを思い起こすことはできるでしょう。

つまり、〝細心の注意力〟に潜むデメリットも知っていることになります。

こうしたことから、私は、年を取ったら他人の失敗に対して寛容にならないと勿体ないと思うようになったのです。

あなたも自分より若い高校生や中学生、小学生や幼稚園児の失敗に対しては「そうなんだよね。それって、ついやっちゃうんだよね。私もそうだったよ」と寛容でいられるでしょう。

★ある少年の、可愛らしい「うっかり」

ある男の子が家族とレストランに行きます。テーブルに白いテーブルクロスがかかった上品なお店です。彼がオレンジジュースを注文すると、しゃれたグラスに入ったジュースが運ばれてきます。

生まれて初めて来たすてきなお店の雰囲気に緊張した彼は、ふとしたはずみでグラスに手を当ててグラスが倒れ、みるみるうちに白いテーブルクロスがオレンジ色に染まっていきます。

お店の人が手際よくテーブルクロスを交換してくれますが、黙ってそれを見ている彼に、母親が「こういう時は、何ていうの！」と叱ります。

すると、すこし考えた彼は、はっきりと大きな声で言います。

「わざとではありません」

この話は、私がラジオで聞いたエピソードでしたが、思わず大笑いしました。

「なんと常識を知らない、けしからん子どもだ」と憤慨《ふんがい》する気など起きませんでした。私にもジュースをこぼした経験は無数にありますし、これらから年を取れば、もっとたくさんこぼすでしょう。

男の子は普段、親から正直の大切さを言われていたに違いありません。彼にすれば「わざとではありません」は言い訳ではなく、謝るより優先されるべき正直さだったのでしょう。とても微笑ましいエピソードでした。

あなたは、他人の失敗に寛容になれるような、すてきな年の取り方をしていますか。

↓他人のミスに寛容な人は、輝いている

「いつも急いでいて余裕がない人」と、「自分のペースを守って余裕がある人」

物事は、二極化させるとわかりやすくなるという特徴があります。

好きか嫌いか、正しいか間違っているか、面白いかつまらないか、気持ちが良いか悪いかなどです。もちろん、大半はどちらとも言えないし、ケースによって変わることもしばしばあります。

そこで、磁石のS極とN極のように、「いつも急いでいて余裕がない人」と「自分のペースを守って余裕がある人」を分けてみます。私自身は後者の「マイペースで余裕のある人」になりたいのですが、実際の生活は前者の「いつも急いでいて余裕のない人」に属するでしょう。

それぞれ、いくつか特徴をあげてみると……。

余裕がなく急いでいる人は、

・ユーモアがない。

・こちらとしては「まじめも休み休み言ってください」と言いたくなる。

・何か言うと「だって○○でしょ」という言い訳がすぐにできて、他人の意見に耳を貸さない（いちいち聞いていたら急げませんからね）。

・時間は流れ去っていくという感覚を持っているので〝時は金なり〟を金科玉条《きんかぎょくじょう》のように信じている。

・自分の急ぐペースを乱されたくないので、他人に任せることができない。

・「早く寝ないと明日起きられないぞ」「お酒を飲むと酔っぱらうぞ」など、一〇〇％正しいことを言いたがる。

・批判されると自分の存在自体を否定されたと思う。

・自分ができないことには挑戦しようとせず、逃げる（負けず嫌い）。

・生活が「人生そのもの」になってしまっている。

・自分の早いペースを乱す可能性のある人を排除しようと、人の足を引っぱることを是《ぜ》とする。

・自分が遅くなるのがいやなので、「お先にどうぞ」と言わない。

一方、自分のペースを守って余裕がある人は、右とは逆の特徴を持っている気がします。

・堅苦しい状況になっても、ユーモアを忘れない。ちなみに、ユーモアの語源は液体を表すラテン語のフモール。体の液体を意味します。その人独自が持っているもの、その人から滲み出るもので、たんに冗談や駄洒落《だじゃれ》を言うことではありません。
・急いでも急がなくても大した違いはないとわかっている。「目的はゴールすることである。多くのことは、急ごうと急ぐまいと、ゴールするという目標達成の前では大した違いはない」と達観している。
・参考意見として他人の意見に耳を傾ける。
・時間は流れ去らず、積み重なっていくと思っている。
・批判されても、批判の内容と批判した人は別であると考えて、批判された内容だけを分離できるので、貴重なアドバイスとして自分磨きの材料にする。
・丁寧に生きている。
・「できることをするのはアソビ。できないことをするのを練習」だと思って前向きに取り組む。

・生活と人生は別だと考えて、「生活のための仕事」と「生きがい」を分け、地位やお金などと関係ない自分の生き方を愛おしく思っている。

・他人の足など引っぱらずに手を引いてくれるし、その実力もある。

・「お先にどうぞ」と言える。自分の都合より相手の都合を優先させる〝お先にどうぞ〟の精神を持っている。

「ソンナヒトニワタシモナリタイ……」って思いませんか。やってみましょう。チャレンジできないほど人生は短くありません。

↓

思い立った時が、はじめ時！

「レゴのブロック」のように自分の作りたいものを作る人がいてもいい

社会全体の共通認識か、あるいは同調圧力とでも言うのでしょうか、「みんなでこれを目指しましょう。そのためにこうしましょう」という理想像がある気がします。

本当はだれでも自由な理想を持っていいはずですが、知らないうちに、同じ目標を共有しているかのような感覚になります。それが社会の流れというものなのかもしれません。

夫婦は「二人で幸せになる」という共通目標があるので、夫と妻それぞれの幸せのすり合わせをしながらそれに向かって進みます（現実は違う夫婦もいるようですが、少なくともそれが理想でしょう）。

これが家族になると、同じ屋根の下で暮らしますが、全員の目標が一致しているわけではありません。夫婦のように「幸せになるように努力する」という暗黙の契約はありません。家族の中にはお金持ちになりたい人、有名になりたい人、好きなことをしたい人など、さまざまです。

会社にもいくつか目標があるでしょう。利益を出す、社会の役に立つ、事業を継続する、人類の進歩に貢献するなど、さまざまですが、社員になれるのは、その目標を一つでも共有できる人に限られます。会社が掲げる目標に同意できなければ、会社を辞めるか、自分で起業するしかないでしょう。

★〝最終目標〟が同じ人が集まるのが「宗教」

こうした、同じ旗印のもとに同じ志《こころざし》の人たちが集まるのは、仏教でも同じです。最終目標は「いつでも、どんなことがあっても心おだやかな人になりたい」で、具体的な達成方法は宗派によって異なりますが、それを目指している人は仏生徒でしょう。

一休さんが詠んだとされる〝分け登る麓の道は多けれど同じ高嶺の月を見るかな〟もそれを指しています。

どのように生きるかという指針になる宗教は、他から強要されるものではなく、本人の自由意志によって選択されるものです。ですから、一つの宗派を選び取れば、同じやり方をするのが前提になっています。

夫婦でも、会社でも、宗教でも、同じ目標を目指すという意味では、その目標を達成する作業は、ジグソーパズルのピースを一つ一つはめ込んで、一つの絵や写真を作り上げるようなものと言えます。

冒頭で申し上げた、社会の共通認識や同調圧力は「みんなで、この絵（写真）のジグソーパズルを完成させましょう」と言っているようなものです。完成形がイメージしやすいのです。そのための方法もマニュアル化されるので、全員が同じやり方をするようになります。

しかし、その〝みんなの目標〟を押しつけられると息苦しくなる人、押しつけられてはみ出してしまう人、自分では別の絵や写真のほうがいいと思っている人は少なくありません。マニュアルが合わない人、マニュアル通りにやりたくない人がいるのです。

そのような人は、他人とは違う変わったことが好きなのではありません。自分のやり方をしたいだけです。

実際、社会を変えてきた人の多くはそのような人が少なくなかったでしょうし、これからもそのような人が社会を変えていく気がします。

★自分なりのやり方をしたい時に必要な「覚悟」とは

自分のやり方をして、微力ながらも周囲の環境を変え、ひいては社会を変えられる強靭《きょうじん》な精神と技術や発想を持っていればいいのですが、仕事や生き方、夢など、さまざまなところで壁に当たり「どうせ……」と拗《す》ねる人もいます。

私の先輩は言います。

「今までは一人一人がジグソーパズルのピースになって一つの絵（写真）を完成させようとしていたよね。けれど、社会の変化するスピードがこれだけ早いと、一つの絵や写真を完成させるころには別の目標が次々に提示されていく。

だから、これからはレゴのようなブロックで、自分が作りたいものを作る時代にな

っていいと思うんだよ」

なるほどと思いましたが、完成形が想定されているジグソーパズルは自分がピースをはめなくても、他のだれかがやってくれるので楽な面があります。しかし、ブロックは決められた完成形がないので自分の自由にできる反面、だれも手伝ってくれません。せめて、それは覚悟しておきたいものです。

↓両方の「メリット」「デメリット」を知る

「人に合わせる練習」は、こんな小さなことからでいい

人が二人以上で一つのことに取り組むのは、まるで二人三脚のようなものです。二人でペースを合わせないと、前に進めないだけでなく、転ぶこともあります。

それは恋人でも、夫婦でも、仕事でも同じでしょう。

ところが、人にはそれぞれ自分のペースがあり、ペースがシンクロすればいいのですが、合わなければどちらかが相手に合わせるか、互いが譲り合った折衷案的なペースで進むことになります。

食事で、嚙むより早く呑み込んでしまうような早食いの人と、「そんなに口の中でいつまでも嚙んでいると、ぜんぶ流動食になっちゃうぞ」と言われてしまうほどゆっくり食べる人が一緒に食事をすると、さまざまな思惑が働きます（私は早食いのほうです）。

二人が外食することになれば、早く食べ終わった人は、もう一人が食べ終わるまで待つことになります。食べ終わった人は心の中で「どれだけゆっくりなんだ……」とイライラするかもしれません。「早く食べろ」と怒っているかもしれません。相手を気づかって「ごめん。私が早すぎるんです。気にしないでゆっくりどうぞ」と言えるかもしれません。

そうした経験から、次にその人と食事をする時に、相手のスピードに合わせて食べられるようになることもあるでしょう。

一方、遅い人は心の中で「陸上競技でも水泳でも、遅い人が早い人に合わせるなんてできないだろう」と思うかもしれません。「あなたの食べ方は、食事をしているというより、〝呑み込む〟とか〝喰う〟っていうんだ。食事じゃなく、エサを喰っているんだ。作った人に失礼だ」と軽蔑しているかもしれません。「食べるのが遅くてすみません」と謝る人もいるでしょうが、早い人が遅くすることはできても、遅い人が早くするのは命がけです。

その経験から、食事をすることになった時点で「私は食べるのが遅いので勘弁してください」と予防線を張れるようになる人もいるでしょう。

早い人が遅い人に合わせるのも、遅い人が早い人に合わせるのも練習が必要です。

早い人が遅い人に合わせると、さっさと終わらせてやろうと思っていたことができなくなります。それを覚悟する練習です。

遅い人が早い人に合わせると、ミスをすることが多くなります。食事なら、しっかり味わえないというミスです。そのようなミスをすることは仕方がないと覚悟する練習です。

いずれにしろ、自分には自分のペースがあるのと同様に、相手にもペースがあることがわかれば、それを尊重できます。そこに相手への思いやりが発生して、少しでも相手に合わせようという努力をし、二人三脚で前に進むことができます。

★"自分らしいトーク"がしたいと願う、あるアナウンサーの話

時に、相手に合わせるのは自分を粗末にしているように感じる人がいます。残念ながら、自分を粗末にしているのを相手のせいにしている間は、自分は成長できません。

昔、NHKにいたアナウンサーが、民間放送へ移る時に「これでやっと堅苦しいしゃべりではなく、自由なおしゃべりができるぞ」と思ったそうです。しかし、実際は、そうはならなかったそうです。

「自由なしゃべりができなかったのはNHKのせいなんかじゃなく、そんな力がもともと私にはなかっただけなんですよ」（私がご本人から聞いた話です）。

相手に合わせることで粗末になるような〝自分〟なら、もともとたいした〝自分〟ではないと思ったほうがいいでしょう。

向上心を持って自分磨きをしていれば、余裕を持って相手に合わせることができるようになります。

↓自分を大事にしつつ、相手も尊重する

「めぐりゆく縁」を、すべて自分の味方にする極意

池などに雨粒が落ちると波紋《はもん》が広がります。水面には数えきれないほど雨が落ちてそれぞれが波紋を広げるので、波紋同士が重なり、干渉し合います。その様子はまるで世の中に似て、一粒の雨が私で、私の出した波紋が影響力として他の人や社会が作った波紋とぶつかり、影響を受け合っている気がします。

遠くに落ちた雨粒が作る波紋が影響や干渉をし合いながら、自分の作る波紋と交差して、自分の人生も変化していくのです。

こうした変化は、私たちが望もうと望むまいと起こります。自分の作った波紋だけが物理の法則のように、計算通りに池に広がっていくことはありません。それが〝諸行無常（作られたものは常ではあり得ない）〟ということです。

どうして仏教がこれほどまでに諸行無常を説きつづけるかについては、既にお伝えした通り、私たちが「今の状態がいつまでもつづくだろう」と勘違いしてしまい、その結果として心が乱れることが多いからです。

「どうして、こんなことになってしまったのだ」と嘆きたくなったら、「集まってくる縁によって、結果が次々に変化してしまう法則のためだ」と、なるべく早く再確認したいと思います。そうすれば、嘆きの壁を早く乗り越えることができます。

★たとえば、「食事」一つから起こること

仏教の縁起論の中に、一つの縁がやってくると次に起こる膨大な数の候補があがるとするものがあります。既にお伝えしたように、まるでカプセルトイのようなものです。一つのカプセルが出ていくと、それによって機械の中にあるカプセルが摩擦や重力の影響を受けて、次に落ちるカプセルとしてセットされます。

多くの場合、次にどんな球がセットされるか、私たちにはわかりません。

たとえば、食事をした後に起こりそうなことは無数にあるでしょう。

おなかがいっぱいになる。食べたおかずの話からグルメ談義が始まる。思ったほどおいしくなくて文句を言ったら「食事中に文句を言うな」と注意されて喧嘩になる。アレルギー反応が起きて体中がかゆくなる。太る。トイレに行く……などです。このうちどれが起こるかはわからないのです。食事という縁から導かれる結果の多様性はたいへんな数です。

★「小才、中才、大才」、それぞれの縁の生かし方

江戸時代の柳生家の家訓に「**小才は縁に出合って縁に気づかず。中才は縁に気づいて縁を生かさず。大才は袖すり合った縁をも生かす**」があります。

ぼーっとしていたり、忙しさに振りまわされたりしている人は、せっかく自分のところにめぐってきた縁にも気づきません。すてきな人を見ても「すてきだ」と思うだけ、嫌な人に出会っても「嫌な人だ」で終わりです。こうした人は「どうせ……」が口癖の人に多い気がするのは私だけでしょうか。

世の中をそれなりに生きている人は、「この人のどこがすてきなのだろう、どこが

気に障るのだろう」とまでは考えますが、自分の好悪の価値観を掘りおこし、その妥当性をチェックするまではしないでしょう。「そんなこと面倒だ」が口グセの人に多い気がします。

いきいきと生きている人は、すてきな人が備えているものを自分でもものにしようと行動に移します。嫌悪したくなる人は反面教師にして、「こんな人にはなるまい。そのためにはどうすればいいのだろう」と考えてアクションを起こします。その意味で、袖すり合った縁さえ生かせる人は、どんなことでも自分の肥やしにしてしまいます。

人生で起こったこと、出合ったことは、一つも無駄にしないのです。よく言われる「あなたの人生に無駄なものはない」というのはそういうことでしょう。

人生は、めぐりゆく縁によって、絶え間なく変化していきます。どんな縁がめぐってくるかもわかりませんし、その縁を生かすとどのような結果が導きだされるかも正確にはわかりません。

しかし、めぐってくる縁や結果を生かすことはできます。

そのためには変化を楽しむ心があればいいでしょう。柔軟に対応する心の余裕があればめぐりゆく縁はすべて、信頼できるものになります。今日、あなたは、周囲や自分の、どんな変化に気づいて生かしていけそうですか。

↓

「変化を楽しむ心」を忘れない

4章
時には「割り切ること」も必要

「人付き合い」も「自分付き合い」も、もっとドライでいい

ビジネスシーンでは、年代によって何に比重を置いて取り組むといいかというマニュアルのようなものがあるそうです。

二十代は、時間も体力もあるので、仕事に打ちこんだり、読書をしたり、おしゃれや美容を習慣づける、資格を取るなど、自己投資に力を入れる時期だそうです。

ちなみに投資にはリターンがあることが原則です。時間やお金や体力を投資するなら、それが回収できなければ投資にはなりません。二十代での自己投資は、得たものを長期間使えるというメリットもあります。

三十代の課題は、人付き合いや人脈作り。二十代で培《つちか》った知識を生かして、社会の中で多様な人とつながることで、さまざまな考え方や価値観や対応策があることを、

身をもって知るのが大切なのだそうです。

そして、四十代の課題は自分作りだそうです。

それぞれの年代で、右のようなことを意識しながら生活している人がどれほどいるか、私にはわかりません。しかし、たとえ結果論でも、人生の先輩たちが蓄えてきたこうした情報をインターネットで簡単に見られるのはありがたいことです（私が落胆したのは、六十代からの自己投資の情報が不動産と資産運用ばかりだったことです。六十歳以降は自己投資してもリターンは期待できないという過酷な現実なのかもしれませんが、六十代真《ま》っ只中《ただなか》の私は、心おだやかになるための自己投資を、まだあきらめていません）。

★みんな、「自分のこと」を考えている

さて、三十代で取り組むべき課題と言われる「人付き合い」や「人脈作り」ですが、これに傾注しすぎると、四十代になる前に大変なことになります。

人付き合いも人脈作りも、自分をアピールしないと相手に覚えてもらえません。覚

えてもらえなければ、仕事で使ってもらって自己実現できる可能性は遠のきます。そのために、他人の名刺をたくさん持っているだけで、あるいは大きな会の会員になっただけで、自分のことをたくさんの人が知っているだろうと、自信過剰、自意識過剰になる人がいます。

しかし、家族でも友人でも、普通の生活をしていれば、他人のことを一日に一〇分考えている人はいません。

自分は一日に二時間も三時間も注目されていると思いたくなるでしょうが、相手にはそんなことをする義理はありませんし、そんな時間もありません。

多くの人は、自分のことを考えているのです。

SNSなどで、何かを発信している人のフォロワーになる人はいます。しかし、注目を集めようとして発信していれば、フォロワーはもっと面白いもの、役に立つ情報を求めます。それが提供できなければ飽きられてしまいます。フォロワーの数が数百、数千人になれば、その期待に応えようとするだけでクタクタになるのは目に見えています。

人付き合いを増やし、人脈を広げても、相手がこちらに関心を持つのは一日に数秒です。それがわからずに、自分に関心を持ってくれていると思いこんで他人に合わせて付き合っていれば、心身が壊れる可能性が高いことは想像に難くありません。

そうならないために、人付き合いはドライでいいのです。

★自分とは、「時間をかけて作り上げていくもの」

四十代の課題である「自分付き合い」というのは、自分は何者なのか、何者になりたいのかに関心を持つことでしょう。これも度を過ぎると、迷宮でさまようことになります。私もこれまで何人か「自分探し」をしている人に会ったことがあります。しかし、どれだけ自分を探しても、本当の自分は見つかりません。そんなものはもともとどこにもないからです。

「自分とは、見つけるものではなく、時間をかけて自分で作り上げていくもの」なのです。おぼろげながら自分の形ができ上がってくるのが四十代でしょう。それまでは、自分との付き合いもドライでいいと思います。

一部の聖人を除いて、ほとんどの人は自分のことが一番大切です。

しかし、大切なあまり、ネチネチと自分に執着すれば、心や世界という大空を飛ぶための翼も、べたついて広げることもできなくなります（脅迫するような結び方でごめんなさい）。

ドライでさわやかな生き方は、いいものです。

↓ **執着しないで、サッパリ生きる**

想定外のアクシデント？「対処法」なんて無数にあるから、大丈夫！

私たちは未知のものや経験したことがないことに遭遇することがあります。幼稚園児にすれば、小学校は友達の数も勉強も未知の分野です。未成年にとって成人は経験したことのない責任が伴うステージへの入り口です。結婚も、親になることも初めての経験です。新型コロナウイルス感染症も、その流行も現在生きている人は経験したことがありませんでした。

このような経験したことがないことに出合う時、ウキウキ、ワクワクすることもあれば、どう対処すればいいのかわからずに不安になり、オロオロすることもあります。

ちなみに、知っているものが突然現れることを驚愕《きょうがく》、知らないものが突然現れることを仰天《ぎょうてん》、知らないものが近づいてくることを戦慄《せんりつ》というそうです。

ウキウキ、ワクワクするなら楽しくていいのですが、問題は、知らないものを相手にして戦慄や仰天したケース。いわゆる「想定外のアクシデント」が起きた時です。初めて相手にするものに対して自分が知っている対処法でうまくいくかどうかはわからないので、「自分では対処できないかもしれない」と不安になります。

対処は、あるできごとに対して適当に処理するという意味です。アクシデントの処理を「元の正常な状態に戻す」だけ、と考える必要はありません。他にもいくつかの処理方法があるのです。

一つは、スルーする方法です。アクシデントには違いないが、大した問題でないとして放っておくのです。お料理で砂糖と間違えて塩を入れてしまった、自分に時間がないからやっておいてと頼んだことを相手がやってくれなかったなどが、これに当たります。わざとやったわけではないので、いちいち不機嫌になっても仕方ありません。

じっと耐えて対処法を練るという取り組み方もあります。私が個人的に行った、新型コロナ対策はこのやり方でした。台風や洪水などの自然災害への対処法も同じでしょう。耐えている間に、感染しない（被害にあわない）ためにはどうするか、感染したら（被害にあったら）どうするかを本気で考えておくのです。

助けを求めるという方法もあります。自分ではどうしていいのかわからないのですから、どんな対処法があるか他の人の意見を聞いたり、「助けて」と言ったりすればいいのです。初めて車で事故を起こしてしまった時などがこれに当たるでしょう。

アクシデントで受けた被害を復旧させることができない場合などは、**次に同様のアクシデントが起きた時の対応マニュアルを作ることができます。**これも一つの対処法です。マーフィーの法則の一つとして紹介される「落としたトーストがバターを塗った面を下にして着地する確率は、じゅうたんの値段に比例する」は注意喚起であると同時に、一つの対処法です（バターを塗ったトーストとじゅうたんに関する具体的な対処法は、バターを塗らない、じゅうたんのない部屋で食べる、じゅうたんを安物にしておくなどです）。

★人類は「死」にさえ、対処法を見つけてきた

対応に失敗してだれかに迷惑をかけた場合は、**⑴謝る。⑵「以後、気をつけます」と宣言する。⑶それを行動で示していく、**しかないでしょう（被害を受けた人がそれ

で許してくれるかどうかは別問題です）。

私たちが生きているうちに経験できないことに〝死〟があります。江戸時代後期の文人の大田南畝《おおたなんぽ》にとって、死も想定外のアクシデントだったのでしょう。「今までは人のことだと思ふたに　俺が死ぬとはこいつはたまらん」と辞世の句を残したと言われます。

死という、不可解なこの現象に関してさえ、人類は多くの対処法を考えてきました。天国や浄土などのあの世の存在を信じる、生まれ変わりを信じる、人の死亡率は一〇〇％と覚悟しておくなどです。

このように大きな枠の中で見れば「自分が対処できないこと」はやってきません。**安心して過ごしていて大丈夫ですよ。**

↓

「心配のしすぎ」は、もうやめる

「お悩みメリーゴーラウンド」からスパッと降りる法――つい「気にしすぎ」てしまう人へ

自分が動けば、現在の状況と何かが変わるので、結果として、現在の状態が変化します。

散らかっていた部屋を自分が掃除すれば、環境が変わって、部屋がきれいになります。店員のアルバイトをすれば、それまで客側目線でしか見ていなかった客側の身勝手さに呆《あき》れることもあります。つまり、**見方が変わる**のです。

自分が変わることもあります。自分に嘘はつきたくないからと「遅くまで起きているとと朝起きられないよ」「早くやってしまわないと後で困るよ」など、思ったことを正直に話すようにしたら、「遅くまで起きていたい気持ちを察してほしい」「つい後回しにしたくなる私の心情を理解しようとしない」と言われることもあるでしょう。

ここから〝一〇〇％正しいことは、実際にはほとんど役に立たない〟ことに気づいて、**自分に嘘はつかなくてもいいけれど、何でも正直に言えばいいというものではない**ことを学ぶ人もいます（お察しの通り、かつての私です）。

〝動けば変わる〟は、平成の時代に閉塞感を感じて動くことができない若者たちの背中を押す言葉として、大いに広まりました。〝動けばわかる〟も、具体的な行動を促す言葉として多くの人の手を引く役目をしました。

「どうしようか迷っているんです」という人に、私は今でも、この二つの言葉を紹介した後に、〝はじめのい〜っぽ〟とお地蔵さまのかわいいイラストとともにはがきに書いてお渡しししています。

★「悩む」と「考える」を一緒にしない

自分で一歩を踏みだそうとしているのに、それを躊躇する人は少なくありません。石橋を叩いて渡ろうとする、安心、安全第一の人に多い気がします。それまで、慎重にも慎重を期して人生を歩んできた結果、大きな危機に遭遇することがなかったという実績があるのでしょう。

しかし、「悩む」と「考える」は違います。どちらも問題解決のための出口を探している点は同じですが、迷っている人は、せっかく出口の近くまで（具体的な行動に移れるまで）来ているのに、そこで再び「でも……」と二歩も三歩も後戻りしてしまいます。

知り合いの女性は、季節に合った新しい服を買いに行って、お店で候補をいくつかに絞りこみました。しかし、デザインや価格、あるいは既に持っている服とコーディネイトできるかを次々に考えて、決める直前に「でも、これだと……」と買うことができません。結果、手ぶらで帰ってきました（お察しの通り、私の妻です）。

決めれば出口から出られるのに、出口の手前で「でも……」と戻ってしまう状態を、私は〝お悩みメリーゴーラウンド〟と呼びます。考えすぎても、気にしすぎても起こる現象です。警戒心が強すぎて悩んでいるので、石橋を渡ることができないのです。

一方「考える」は、出口へ行くには、あるいは出口から出ていくにはどうするかを、本気で考えることです。

〝自分が何をしたいのか〟が出口を出たところにあるもの、石橋の向こう側にあるものです。**本当にそこに行きたいのなら、そして行かなければならないのなら、勇気を出してエイッ！　と、出口を一歩出るか、橋を渡るしかないでしょう。**

私は考えた末に「やるか、やらないか」「これにしようか、あれにしようか」などを買ってありますす）。二者択一になった時点で、サイコロを転がして決めます（実際にそのためのサイコロを買ってあります）。二者択一まで絞りこめば、どちらをとってもそれぞれメリットとデメリットがあります（それらを天秤にかけて悩んでいたのですから）。だとすれば、どちらを選んでも同じです。**選んだほうを正解として進めばいいのです。**それがいやなら、〝お悩みメリーゴーラウンド〟の常連になることを覚悟しなければなりません。

行動に移せないのは、目標設定が曖昧だったり自信がなかったりして、「やろう」と決めていないからです。私たちの行動原理は実にシンプル。「決めれば動ける」「決めないと動けない」です。

↓「選んだほう」を正解にすればいい

たとえ時間をかけてでも、「自分で決める」って大事です

私たちは日々、膨大な選択をして生きています。

そろそろ起きるか、まだ寝ているか。朝食に何を食べるか。歯磨き粉の量はどのくらい使うかなどの日常のささいなことから、その日の仕事は何からはじめるか、今日はどこまでやるかなどの仕事の選択もあります。休日には、どう過ごすか、だれとどんな目的で、どこへ行くのかなどを決定します。選択の中には、その後の人生の転機になるような決断も含まれます。

いくつかある選択肢の中で、自分が選んだことが正しいのか間違っているかは、別項でもお伝えしたように、後にならないとわかりません。わからないので、結果的に〝その時〟の自分の判断を信じて前に進むしかありません。

そして、決めたことを後悔しないためには、これも別項（186ページ）お伝えするよ

うに、「こうする」と決める時に、心の底からそう思う（覚悟する）ことです。

それをしておけば、決めたことが後になって間違っていたことがわかったとしても、「あの時の自分には、あの選択肢しかなかった」ときれいにあきらめられることが多くなります。

それでも、やるかやらないか、AにするかBにするかなど、悩むことがあるでしょう。さらに、自分でもあきれるほど迷ったあげく、結論を出そうとして「でもなぁ」と再び決断の迷路に逆戻りして〝お悩みメリーゴーラウンド〟から降りられない人もいるでしょう。

己の優柔不断さや決断力のなさを承知しているのに、それを繰り返してしまう懲《こ》りない人です（このような人は、再び107ページに戻って、「正しい、間違いは後にならないと判断できない」ことを再確認したほうがいいでしょう。そうしないと、お悩みメリーゴーラウンドから降りられませんし、決断迷路から出ることができません）。

★「どちらを選ぶか」迷った時の考え方

なかなか決めることができない人の中には、自分の判断を信じられない人がいる一方で、間違った決断をした時の混乱ばかりを恐れて、「間違ったら、それに応じた対処をすればいい」ということまで考えが及ばないで、オロオロしている人もいます。

自分の〝その時〟の判断が正しいかどうかは、後にならないとわからないにしても、〝その時〟の判断そのものに確信が持てないので、他人に「どうすればいいと思う？」と意見を求めます。自分の考えを後押ししてくれる意見もあれば、意に反するアドバイスをもらうこともあるでしょう。

いずれにしろ、他人の意見を聞くことで、別の角度から検証するのは、とてもよいやり方です。「三人寄れば文殊の智恵」ですから、一つのことをなるべく多くの側面から見たほうが間違いは少なくなります。

しかし、どんなに多く貴重な参考意見を聞いても、それらを参考にして、最終的に決めるのは自分です。否、〝決められる〟と申しあげたほうがいいでしょう。私はこのことに気づいてから「心の天気は自分で晴らす」という言葉を作って、座右の銘にしているほどです。

自分のことは、だれか他の人が決めてくれるわけではありません。「私が決めたのではなく、あの人がそう言ったから」と言い訳しても、最終的に「あの人の言うとおりにしよう」と決めたのは自分自身なのです。「会社の方針がそうなっているから」と会社に責任転嫁しても、「会社の方針に従う」と決めたのは自分なのです。

また、間違った時の恐怖で何も考えられなくなってしまうなら、他人がその間違った選択をして混乱状態になった時に、どんなアドバイスをするかを考えれば、そのアドバイスがそのまま、自分が間違った場合の対処法になります。

たとえ時間がかかったとしても、自分で決めることはとても大切です。それは自分に対する責任感を増大させるだけでなく、自己肯定感を育てることにもなります。世界の経済の動きや今日の天気は、自分では決められませんが、自分に関するほとんどのことは、自分で決められるし、自分で決めていいのです。

↓

怖がらなくても、案外「なんとかなる」ものです

「捨てる力」「割り切る力」の育て方

前項で、自分に関することのほとんどは、自分で決められるし、決めていいことをお伝えしました。

ここで、自分で決める時に知っておいたほうがいいこと、覚悟しておいたほうがいいことをあわせてお伝えします。

選択肢の中から一つをチョイスするというのは、「他の選択肢を捨てる」ということなのです。

私が住職をしているお寺の本尊は不動明王ですが、この仏が象徴する教えを話す時には、必ず「一つを選び取るのは、他の選択肢を捨てる、あきらめること」という大切な側面に触れることにしています。

★いちいち「心にクサビを打ち込む」すごい効果

ランチを提供しているお店に「本日のサービスランチ」を見かけることがあります。月に何度も行っているお店なら、選ぶのは難しくないでしょう。その日の気分や、前回食べた物を参考にして、席に着きながら「Aランチで」と店員さんに注文する人もいます。

しかし、めったに行かないお店で、複数のメニューのうち、どれにするか迷う人は少なくありません。お水を持ってきてくれて注文を待っている店員さんに「決まったら声をかけますね」と持久戦の宣言をする人もいます。

数種類のランチメニューの中からAランチを注文すると、やがて料理が自分の前に運ばれて唾液腺《だえきせん》がゆるみます。

この時、隣のテーブルに運ばれてきたCランチを見て「あっちのほうが良かったかもしれない……」と心が揺れます。

その心の揺れも選択する時の一つの楽しみにできればいいのですが、大袈裟に言えば、「あっちにすれば良かったかも……」という心の揺れは一つの後悔です。

こうして私は、いくつか選択肢がある中で何か一つに決める時に、「今回は他の選択肢は捨てて、これにする！」と心にクサビを打ちこむようにしました。

★「どちらを選んでも大した違いはない」

多くのことを選択して生きてきて、還暦を過ぎてからは、そのクサビを補強するための**「今回はこれにしたが、別の選択をしたとしても、大した違いはない」**という達観が加わりました。

Aランチに舌鼓《したつづみ》を打ってもCランチをおいしく頬張っても、おいしいランチを食べたことに変わりはありません。おなかもいっぱいになります。「Bランチにすれば良かった」と苦虫をつぶしたような顔をしてお店を出るより、ずっと人生が豊かになります。

あなたは「捨てる力」「割り切る力」に自信がありますか。自信がなければ、前項とともに本項に今一度、目を通してみてください。

決める心のあり方と決められない心のそれの構造は、あなたが考えているよりずっとシンプルだとおわかりになるでしょう。
「わかるけど、でも……」と考えたら〝お悩みメリーゴーラウンド〟が待っています。できないことをするのを〝練習〟というのです。一つに決めたら他は捨てたと覚悟する練習をして、前に進んでください。

↓

「どっちを選んでもOK！」と思えたら完璧！

「今、いる環境」が合わない人へ——空海からの処方箋

今いる自分の環境に窮屈さや息苦しさを感じる時、その環境を自分に合うように変えられるなら、それに越したことはありません。

職場なら、上司や同僚や組合に相談して変えることも可能かもしれません。家庭なら、家族会議をして変更することもできるかもしれません。国単位になれば、選挙やクーデターで改革する方法もあるでしょう。

しかし、今までの自分のやり方を変えることさえ至難の業なのですから、伝統的な社風や地域性を変えるのは容易ではありません。

そこで、自分のいる環境を変えるという意味で、転職や引っ越し、離婚（結婚も今までの自分の環境を変える一つの方法です）が、選択肢の中に登場することになります。

私は大学を卒業してすぐに、地方都市の商業高校の英語教師になりました。しかし、ヤンチャな生徒たちに翻弄《ほんろう》されて、ついに人間不信に陥り、精神的に追い詰められてしまいました。一年間で逃げるように辞職して、いつかやることになると思っていた僧侶になりました。しかし、その後の数年間、自分のふがいなさに悶々《もんもん》としていました。

しかし、時間は偉大です。その後、結婚をして、三人の子どもの父親になり、現在、住職をしている寺に入るころになると、当時の自己嫌悪の感情は薄らいで、時折フラッシュバックする程度になっていました。

★私の後ろめたさをスーッと吹き消した「空海の一言」

四十代になったころ、たまたま空海の著書を読んで、教師を辞めたころの後ろめたさがすっかりなくなりました。

空海は朝廷から修行の場として高野山を賜りますが、晩年は都よりも高野山で過ごすことが多くなります。その時に、都にいる知り合いの役人から手紙をもらいます。

そこには、意地悪な上司のせいで自分の能力が思うように発揮できず、精神的にまいってしまい、このままでは都で役人を続けることが難しいと思われるという内容が書かれていたようです。これに対して、空海は次のような返事を書きます。

「人徳のある人の言動は、他の人を利するために、他の人が眩《まぶ》しくて目をつぶったり、そむけたりするような光は放ちません。他の人を利するために、しばらくは光を和らげ、異を唱えず、他の人と同じように澄んでいない水で足を洗います。いわば和光同塵を旨《むね》としているのです。しかし、あなたが忠告したり意見したりしても相手が悪事を改めず、かえって立腹するようなら、今も将来も、双方にとって益《えき》することは何もありません。**それならば、翼を勢いよく羽ばたかせて高く飛び去り、ヒレに鞭《むち》打って遠くへ泳ぎ去るしか方法はないでしょう**」（『高野山雑記集』）

私は生徒に意地悪をされて教師を辞めたわけではありませんが、光を和らげて生徒と友達になるわけにはいきませんでした。私の指導力不足で自らを窮地に追い込んだのは事実です。当時の私は、それ以上学校に留まることはできませんでした。**そのために「翼を羽ばたかせ、ヒレを振って」その場から離れた……。**

四十歳になった私は、そう考えることで、ふがいない自分を納得させました。

もう一つ、現在の環境を変える参考になる言葉が、空海二十四歳の時に書いた出家の宣言書と言われる『三教指帰《さんごうしいき》』の中にあります。空海は一族の大きな期待を受けて大学に入りますが、一年で退学してしまいます。その時のことを意識したと思われる文章に「(大学を中退したことで)私を生み、育ててくれた親の恩に報いることができなくなってしまいました。しかし、小さな孝行は力で行い、大きな孝行はひろく人びとに慈愛を施すことであると言われます(私が仏道を目指すのは、大孝なのです)」とあります。

より大きな目標を設定することで、今の環境から移動する大義名分が立つのです。

私は生徒の指導よりも、より多くの人たちに仏教を知ってもらうという目標を立てることで、教師辞職の負い目を解消できました。

現在の状況にそれ以上いられないと思ったら、「逃げる」と思わずに、「今より高い目標を達成するためにその場を去る」と考えると、心は楽になります。

↓ぜんぶ、○にする魔法の言葉

「失敗」という種をまくから、「成長」という実が育つ

煩悩《ぼんのう》は、漢字検定でも二級レベルだったと記憶しています。この言葉の意味を「悪い心」のように思っている人がいますが、そこまで大ざっぱな意味ではありません。

仏教は〝いつでも、どんなことが起こっても、心おだやかな人になりたい〟が目標なので、それを邪魔する心が煩悩で、私は「心をおだやかにさせない心」「心を乱す心」だと解釈しています。

たとえば、今日できることを明日しようとする心は、煩悩の分類では懈怠《けだい》で、怠けることとです。忙しい日々を送った反動で「明日できるから、今日はやめておこう」と考えて、のんびりできて、心が乱れなければ懈怠は煩悩ではありません。しかし、後になってやはり先送りしないであの日にやっておけば良かったと後悔して心が乱れるなら、怠け心を出したことは煩悩になります。

怠けたいと思っている間はたいした問題は起きず、まだ煩悩は種の状態ですが、それを実際のアクションに移すと、問題が起きて心を乱す煩悩になります。だれかが言った「欲は持っていていい、出すからダメなんです」という名言を彷彿《ほうふつ》させます。

さて、心を乱す煩悩の分析に関しては法相宗（日本では、奈良の興福寺や薬師寺など）が専門に扱う宗派です。

多くの煩悩がありますが、その中に無慚《むざん》（慚のないこと）と無愧《むき》（愧のないこと）があります。慚も愧も恥ずかしいという意味ですが、何に対して恥じるのかによって分かれます。

慚は、自分でやってはいけないとわかっているのに、やってしまった時に感じる恥の心で、**自分に対して恥じる気持ち**のことです。

一方、**愧は、他に対して感じる恥ずかしさのこと**で、日本語の「恥ずかしい」は、ほとんどこれにあたるでしょう。「人前でそんなことをしたら、恥ずかしいでしょ！」と大人から言われるのは、愧のことです。

恥ずかしいと思えば心が乱れますが、この心の乱れを次に生かせば心おだやかになる悟りの素材になります。このように、煩悩が悟りにつながることを「煩悩即菩提《ぼんのうそくぼだい》」

ということは既にお伝えしたとおりです。

★「恥ずかしい」と思えること自体が、とてもすてきなこと

無慚も無愧も、恥ずかしいと思う心がないので、他の煩悩を助長させる力を持っている点でかなり悪質です。私たちはそれを経験的にわかっているので、悪いことをしているのに悪びれない人に「恥を知れ！」と言いたくなります。

「恥ずかしい」と思うことは、とてもいいことですし、大切です。失敗したり、空回りをしたりして、自分や他人に対して恥ずかしいと思うのは、自分の歩いている人生で小さな軌道修正の役目を果たしている気がします。

私たちは、学校でも社会に出てからも、成功する、うまくいく、失敗しない方法を学びます。失敗から学ぶ〝失敗学〟も一つの学問として定着しつつあり、大学や会社で講座が開かれるようになりました。

ところが、失敗しないための訓練ばかりしているために、失敗した時の対処法を知らずに社会に出る人が少なくありません。そのような人は失敗を隠そうと必死に言い

訳したり、「それなら、もういいですよ」と開きなおったりして失笑を買います。

しかし、だれかに迷惑をかけた時の失敗の対処方法はとてもシンプルです。

「申し訳ありませんでした」「ごめんなさい」と謝る。次に「今後は気をつけます」「失敗しないように努力します」と努力目標を宣言する。後は、それを行動で見せる。それだけでしょう。

大切なのは、この三つを本気で思って実行する誠意の有無です。

それで相手が許してくれるかどうかはわかりませんが、こちらができることはそれだけです。許すか許さないかは相手の問題ですから、どうすることもできません。失敗を失敗のままにせず、そこから何かを生み出しましょう。生みだそうともしないのが、無慚であり、無愧です。

↓

「未来」をより良くしていく、小さな習慣

「三」は物事が安定する数字

「三」は、物事が最初に安定する数です。二輪の自転車はバランスを崩すと倒れますが、三輪車になると倒れません。

「二度あることは三度ある」とも言います。二度ではまだ安定せず、三度繰り返してやっと落ち着くという統計と信仰が合体して生まれた格言でしょう。

「仏の顔も三度まで」は、失敗を三回繰り返すのは懲《こ》りていないからで、懲りもしない人を寛容な心で許すのも三度が限度という意味です（もちろん、僧侶としては「仏の顔は何度でも」と言いたいところです）。

亡き人の供養の現場に立ち会う僧侶として実感することですが、亡くなって丸二年たって行われる三回忌は、遺族の心に顕著な変化が現れます。

私たちは、心に強く思っていることを最後に言うクセを持っています。親が子どもに言う「おまえはやさしいけど、勉強ができないねぇ」は、後半部分に隠している「勉強をがんばれ！」を言いたいのです。「あいつは仕事はできるけど、酒を飲むんだよ」は「飲みすぎなければいいんだけど」と言いたいのです。

言葉の順番を入れ替えて「**おまえは勉強はできないけど、やさしいものね**」「**あいつは、酒は飲むけど、仕事はできるんだよ**」にすれば、相手が受ける印象がまるで異なるのはおわかりでしょう。

三回忌まで、遺族は亡き人の思い出を話した後に「でも、死んじゃいましたけどね」とおっしゃる方が多いものです。私は、その人がまだ上手にお別れができていないと判断して、ケアをこころがけます。

しかし、三回忌を迎えると、亡くなった事実を受け入れた「亡くなった○○は……」から話をスタートする人がとても多いのです。その言葉を聞いた私は、遺族が抱えてきた喪失感のケアにあまり気を使わずに、どう生きていけば心おだやかになれるかをお伝えすることに重心を移します。

なぜ、三回忌が遺族の心情を変えるほどの力を持っているのでしょう。

両親や兄を亡くした私の経験から、単なる時間経過による記憶の希薄化だけではないと確信するようになりました。親しい人と一緒に過ごした四季、季節の行事などを、その人がいない状況で、二年の間に二度過ごしたからです。一年目は「去年のお正月はおせちを一緒に食べたのに……」「去年は花火を一緒に見たのに……」という寂しい思いを二度経験して、やっと、死を現実として受け入れられるようになったのです。

★「石の上にも三年」には、根拠がある

こうしたことから「石の上にも三年」にも、それなりの根拠がありそうです。一年目は訳がわからずに終わり、二年目は流れを知っている上で、やることにいくらか余裕が出ます。**三年目になってやっと自分の力の発揮する時や場面がわかり、成果も出せるようになるということです。**

また、先人たちは、心情や仕事などを数年かけて自分のものとして安定させていく過程で、もう一つ大切なのは苦労だと言っています。苦労したことが財産になって、後の人生を豊かなものにします。それが、「若いうちの苦労は買ってでもしてみろ」という経験則です。

仕事では、速さや効率性を求められることが多いでしょう。そのぶん苦労も多いのですが、その苦労のおかげで、速さや効率性ばかりで人生が回っているわけではないことを、身をもって知ることもできます。経験が浅いうちには、他の人のやり方や考え方に、素直に納得できません。同じ目標に向かっているのに、自分のアプローチと違う人が多いことに憤慨することもあるでしょう。しかし、それらとどのように折り合いを付けられるのか、あるいは付けられないのかを知る実体験こそが財産になるとして、「若いうちの苦労は買ってでもしろ」と言われます。

「三年も我慢するのは馬鹿げている」「後に生かせる財産だとしても、苦労などしないほうがいいに決まっている」と言いたい人は、「石の上にも三年」「若いうちの苦労は買ってでもしろ」にも根拠があることを知った上で、「それでも、イヤだ！」と現状から離れるといいでしょう。あなたを止められる人はだれもいません。でも、責任は自分が取るんですよ。

↓かけた時間や経験は、自分を裏切らない

「動きたいのに動けない」——心の葛藤から抜け出す法

私が住職をしているお寺の本尊はおっかない顔をした不動明王です。背後に煩悩を焼きつくす炎を背負い、右手に煩悩を断ち切る剣を持ち、左手には煩悩のままにフラフラする心を縛りつけておく縄を持ちます。

この仏が誕生した理由を、私は次のように考えています。

かつてインドで、お釈迦さまの弟子たちは、どうすればお釈迦さまのように悟りを開いて、いつでもどんなことが起こっても心おだやかな人になることができるだろうと考えたでしょう。

そして、辿りついたのが**「心を不動にしないと（決めないと）動けない」**という、私たちの〝行動原理〟です。「悟りたい」と本気で決めないと動きだせません。逆に言えば、動けないのは本気でまだ決めていないからなのです。

決めた後は行動するだけです。躍動感に満ちている不動明王の姿は、それを象徴しているのでしょう。

私は「どうしようか……」と迷った時は、本堂へ行って本尊の前に座ります。二十センチほどの長さのお線香に火をつけて、後はただ座っているのです。

面白いもので、その間に「よし、やろう」や「今回はやめておこう」と心が決まります。信仰心のある人は、それをお不動さまのご利益《りやく》とおっしゃるかもしれませんが、**私にとっては、自分の中にもともとある「決める勇気」を引きだすためのスイッチがお不動さまです。**

★「こうなりたい」という目標さえあればいい

そして、決心して動きだすには〝こうなりたい〟という目標が欠かせません。

私の座右の銘の一つに「目標がないと我慢なんてできません」がありますが、目標に向かって動きだすには二種類の我慢をする覚悟が必要です。

一つは、やりたいけれどそれを我慢してやってはいけないことがあります。ダイエットが目標なら、食べたくても我慢して食べてはいけないのです。

もう一つは、やりたくないけれど我慢してやらなければならないことがあるのです。

もっとゆっくり寝ていたいけど仕事に行くためには、起きたくないのを我慢して起きなければならないということです。

このように文章でお伝えしようとすると面倒くさそうですが、実際はとてもシンプルです。

〝目標があれば決心できて、動きだせる。そして、目標達成のために我慢してやってはいけないことと、我慢してやらなければならないことがある〟――これをわかっていれば「目標に向かう準備が整った」と申しあげていいでしょう。

我慢は、自分を抑えつけて耐え忍ぶという意味で使うことが多いかもしれませんが、自分の目標達成のためなら我慢は当然です。

問題になるのは、自分の目標とは関係のない不本意な我慢でしょう。

不本意ならば我慢するには及びません。

もちろん、我慢しなければ、事により嫌われたり、悪く言われたりすることもあります。時により自分以外の人たちの目標を台無しにして信用を失墜させることがあります。

それは、他人の目標と自分が目指している目標に隔《へだ》たりがあるからです。多くの人は、その妥協点を探すという目標のために、我慢しつづけているのかもしれません。

私の場合、相手の目標と自分の目標に大きな隔たりがあれば我慢はできないので、気心の知れた人に次のように伝えることにしています。

「我慢しながら生きるほど人生は長くはないからね」

「そこまで我慢するほど不幸じゃない（落ちぶれていない）から」

「そんな我慢をするために、生まれて（この年まで生きて）きたわけじゃないからね」——このくらいのユーモアのある捨てぜりふは許されると思っています。いざとなれば、「これが私の我慢の限界。申し訳ありませんが、離脱させていただきます」と、我慢の現場を去るのも仕方ないでしょう。

大切なのは、自分の目標をしっかり設定することです。

↓ 迷ったら、「自分軸」かどうかに目を向ける

5章

「無理に白黒つけない」というブッダの智慧

「後悔のない毎日」を過ごす、ちょっとしたコツ

先輩のお坊さんは英語が堪能で、お寺での座禅会だけでなく、オンラインで海外の人に向けた座禅会も行っています。ある時、参加者の外国人が「私たちが人生で後悔するのは、やってしまったことですか、それとも、やらなかったことですか」と質問しました。先輩はその場で、すぐにこう答えたそうです。

「後悔の本質は、やってしまったことにも、やらなかったことにもありません。後悔の本質は、やった時、やらなかった時に、心の底からそう思ったかどうかなのです」

この話を聞いて、私は、本質を見極めた禅僧らしい答えに感動しました。

「感動」は、感じて動くことです。私はそれ以来、ことあるごとにその内容を本の中や講演の中で紹介しているので、まさに〝感じて動いた〟のです（いくら感じても、実際の動きにつながらなければ、それは「感動」ではなく「感激」です）。

私たちは、多少、大小の違いはあっても、後悔していることがあるものです。周囲の人に聞いたりインターネットで調べたりしてみると、若い世代では〝(やらなければよかったのに) やってしまったこと〟を後悔していることが多いようです。いわゆる、若気の至りです。

年を取るほど〝(やればよかったのに) やらなかったこと〟を後悔する傾向があります。いざやりたくなっても、もはやそのための体力もなく、やるための時間が残り少ないのが、悔しさに拍車をかけているようです。

しかし、後悔を心のシミのように残しておけば、やらなければよかった、やっておけばよかったと思いつづけ、いつまでも心はおだやかになりません。

過去の出来事をやり直すことはできませんが、**解釈さえ変えれば、後悔の度合いを薄めたり、なくしたりすることができます。**

★大切なのは「心の底から」そう思えるかどうか

その方法は「やった時、やらなかった時に、心の底からそう思ったか」という先輩の言葉がヒントになります。

まず、軽い気持ちでいいので、後悔のもとになっている〝やってしまった時〟や〝やらなかった時〟を思い返します。

やってしまったことを後悔している場合は、当時の自分と周囲の状況を考えます。すると「あの時は、自分の考えが甘いし、浅かった。うぬぼれもあった。そして、周囲は無責任ながらも『やってみなければわからないじゃないか』と後押ししてくれた。だから、あの時、やってしまったのは仕方がなかった」と心の底から、今、納得するのです。

やらなかったことを後悔している場合も同様です。

「あの時は、やれるだけの自信がなかった。何か起きた時に対処する方法も知らなかった。周囲も『失敗したら、責任が取れないだろう』『おまえがやらなくても、他にやる人間はいるだろう』と引き止められたのだから、あの時は（やらない）という選択肢しか残っていなかったのだ」と、今、納得するのです。

「やった時、やらなかった時に、心の底からそう思ったか」は、覚悟の上の判断だったかということです。

つまり、覚悟すれば後悔しないということです。これを応用すれば、これからする多くの決断に関して、後悔しない方法も明らかです。

何か決断する時、心の底から〝やる〟〝やってみよう〟と思っているか、心の底から〝今回はやめておこう〟と覚悟しているかを自分に問うのです。

私が申しあげていることは、それほど大それたことではありません。仮に、後悔することになっても、決断した時の状況をふり返って「やはり、考えがまだ甘かったのだ」と心の底から納得し直せば、精神的なダメージは最小限に抑えられます。

こうしたことを繰り返すことで、徐々に後悔を後悔として残さない自分が作られていきます。

そんな中で「心の底から面白いと思ったこと」は、ぜひやってみることをおすすめします。あなたを支える、文字通り強力な底力になっていくはずです。

↓

「やってみたいから」の気持ちは無敵！

偶然とは、「準備していた人」にだけ訪れるもの

「物事は〝時〟と〝人〟がそろわないと動きださない」という中国の格言があります。

この言葉は、物事が動きだしてほしいのに動かない時に、それをあきらめるための大きな力を持っています。また、物事が動きだした時の理由付けとしても、説得力のある言葉です。動きださなくても、動きだしても、結果論なので、ツジツマ合わせにはもってこいです。

この格言はこまごました多くのことに応用ができて、対応もできるようになります。

たとえば、人にはそれぞれ異なった時間の流れ方があります。

世代別で言われるのは、十代は一日がすぐに終わり、二十代は一週間が瞬《またた》く間に過ぎ、三十代になると一カ月が超音速なみに走り抜け、四十代では半年がいともたやすく経過し、五十代では一年があっという間、そして六十代以降は十年が束になって飛

んでいくと言われます。それぞれの年代の方に聞いてみると、みんな一様に頷きますから、みなさん似たような感覚を持っているのでしょう。

年代別でなくても、人により、状況により時間の感覚は異なります。二十一時になって「もう九時だ」と一日の終わりを意識する場合もあれば、「まだ九時だ」と意気揚々とするケースもあります。重力が大きくなったり、スピードが早くなったりすると時間が遅く流れることは物理学で証明されていますが、私たちの心の中にもそのような不思議な力が働いているのでしょう。

ですから「早くやってしまいなさい」と言っても、その〝早く〟が人や状況によって異なります。言った人は「三〇分でやってしまいなさい」の意味でも、聞いたほうは「二時間でやりなさい」と受け取ることがあるのです。

そのような曖昧さを嫌って「三〇分でやりなさい」と言っても、今度は〝やりなさい〟がどこまでを指すのかも異なります。「三〇分で掃除しなさい」と親に言われて掃除したのに「まだここが残っているじゃない！」と重箱の隅をつつくような指摘を受けたことはあるでしょう。別項でも申し上げましたが、三〇分で一〇〇％の掃除をするのか、八〇％で良しとするのかは人によって異なります。

仕事では、上司や同僚に言われた「早く」や「やり終える」について自分勝手な時間の判断はできないでしょうが、自分がだれかに言う場合には、人によって異なる「時間の流れ」や「作業行程」の曖昧さを許容する心の幅は、持っていたいと思います。

★「相手の事情やタイミング」を尊重する

また、人それぞれに「タイミング」も異なります。だれでも言ったことがある「今、やろうと思っていたのに……」や、「今は、やっている（やりたい、やる）ことがあるから、後でやるよ」などは、その典型です。

それぞれ自分の段取りがあるのです。

掃除をする前に窓を開けてしまうと風で部屋の埃《ほこり》が舞い上がって数時間落ちてこないので、窓を閉めたまま掃除を開始する人もいます。

料理を作るのにも、香り付けのためのごま油や胡椒《こしょう》を入れるタイミングが異なります。普遍的なタイミングなどなく、それぞれの好みの味になるごま油や胡椒を入れるタイミングがあるのです。

ですから、掃除をする、おいしいお料理を作るというゴールを決めた上で、「細かい段取りは、あなたが好きなタイミングでやればいい」と言えるくらいの包容力は持っていたほうが、イライラしないですみます。

それでも、こちらが意図するやり方やゴールをしてくれない人がいます。こちらは自分のやり方やゴールはだれに聞いても間違いないと思うのですが、相手があなたに合わせる準備ができていないのです。準備ができていれば、偶然の産物として、互いの思いや行動は一致するかもしれません。

準備ができていない人に対して何を言っても、残念ながら響きません。

「物事は〝時〟と〝人〟がそろわないと動きださない」と同様に、**「偶然というのは準備していた人だけに訪れるものです」**も合わせて覚えておくと、偶然を待ちながら、心おだやかに人間関係をつづけていけるものです。

↓

人間関係で、〝余計な角を〟立てないために

すべては変化してゆくもの――「自分らしさ」にこだわらない

「いつもマイペースで、それでいてやることはやっている。そこがあなたらしいですよね」

「どんなことでも〝こうすればこうなるから、こうしよう〟と段取りを考えてテキパキこなしていく姿は、あなたらしくていい」

と言われる人がいるでしょう。自分のやり方をしっかり見てくれている人がいるのです。

「他人から見た自分らしさ」と「自分が考える自分らしさ」は、ほぼ同じ場合もあれば、まったく異なることもあります。

同じになる場合は、自分で〝こうありたい、こうしたい〟と思って、実際にそのための行動をしている場合です。

異なる場合は、自分では〝こうありたい、こうしたい〟と思っているのに、それが行動になってあらわれていない時です。

他人は、あなたの行動から〝あなたらしさ〟のイメージを作り上げるので、思っているだけで行動が伴わなければ、自分の思っている〝自分らしさ〟と他人が考えている〝あなたらしさ〟には隔たりが生まれます。

★自分には「三種類」ある

これと似た話で、人生を前向きに生きていくために知っておいたほうがいいことがあります。それは、自分には三種類あるという考え方。

第一の自分は「**自分が思っている自分**」です。かつて私は、自分を面倒見がいいほうだと思っていました。

第二の自分は「**他人から見た自分**」です。私は若い人の面倒を見ようと思っているのですが、結果的にだれの面倒も見ていないので、周りの人は私のことを「面倒見はけっして良くない」という評価を下すことになります。社会では、第二の自分しか通用しません。

「第一の自分」と「第二の自分」の隔たりに気づいて、思っていることを実行に移してあらわれるのが「第三の自分」です。思っているだけでなく、私が実際に若い人の面倒を見るようになれば、第一の自分と第二の自分が合体した第三の自分が登場することになります。

この話は、第一の自分とは正反対の、他者から見た第二の自分がいて、そのギャップのモヤモヤを晴らす時の参考になります。

もし、〝正直者〟が第一の自分で、第二の自分が〝働き者〟なら、〝らしさ〟の領域が異なります。その時は「働き者」という他人から見たあなたらしさにこだわらずに「へぇ、私は働き者なのか。自分ではちっとも意識していなかったな」としておけばいいでしょう。

★私たちは、自分自身に〝レッテル〟を貼っている

残るのは、自分に貼っている〝自分（私）らしさ〟というレッテルです。他人から

「あなたはこういう人だ」とレッテルを貼られると「決めつけないで！」と怒るのに、自分が自分に貼ったレッテル（第一の自分）には無頓着な人がいます。

仏教でいう諸行無常の諸行を辞書で調べると「もろもろの作られたもの」が原義です。

作られたものは、時間の経過を初めとしてさまざまな縁によって変化してしまうので、常ではありません。無常です。つまり、同じ状態を保ち続けることはないという真理です。

〝自分らしさ〟も徐々に形作られたものですから、同じ状態を保つことはありません。

子どものころの自分らしさと、大人になってからの自分らしさは違うでしょう。「これが私の生きる道」と決めて生きるのも、〝当面は〟という条件がついて回ります。社会の状況や、身に降りかかる出来事によってその道を進めなくなることもあります。

蟻《あり》とキリギリスの寓話も、「いつも愉快に生きていくのが私の生き方さ」と楽しく暮らしていたキリギリスの生き方が、行き詰まることがあることを教えているのかもしれません。

〝自分らしさ〟があると思いたいのは、わかります。今の境遇にいるのは、自分らしさが発揮できていないからだと考えれば、いくらか楽になります。

しかし、私の周りで〝自分らしさ〟にこだわりつづけたおかげで幸せになっている人は見当たりません。**変化してしまうものを手に入れようと思っても、捕まえた時には、自分が追いかけていたものとは違ってしまうのです。**やはり〝自分らしさ〟になど、こだわらないほうがいいようです。

↓自分も、社会も、環境も、「ぜ〜んぶ変わってゆく」が大前提

「社会の変化」に振りまわされないために、これだけは知っておきたいこと

人は勝手なもので、忙しければのんびりしたいと思い、暇だと何かしたくてウズウズします。豪華な料理を食べつづければ質素な食事をしたくなり、つつましい食生活を送っているとごちそうを食べたくなります。

同じ状態がつづくと飽き、変化がつづけば安定を望むのですから、まことに人の心は厄介です。

こうした無い物ねだりの振り子のような心理は、個人にだけ働くものではありません。**社会の価値観も大きな振り子のように揺れ動きます。**右に動いた反動で、次は左に動くのです。

この揺れにうまく順応できない人の中には、船酔いのような状態（〃社会酔い〃と言っていいかもしれません）になって、自棄《やけ》を起こしたり、不貞腐れたりする人、

「どうせ」を口グセにして張りのない人生を送る人がいます。

近いところでは、第二次世界大戦を経験した世代は、お国のために役に立つなどの価値観が敗戦によって引っくり返されました。それまで生きる指針にしていた国語や修身の教科書の文言を墨《すみ》で塗らされるという事態になったのです。

自分が正しいと思っていた価値観が崩壊するのを目の当たりにしたこの世代（私の両親、あるいはあなたの祖父母世代）は、何が正しいかわからない疑心暗鬼に陥り、暗中模索になった世代で、その子ども世代も「何が正しいのか」だれも教えてくれないで育ったのです。

いつの時代にも、どこの国や地域でも、他人に合わせた行動ができない（しない）人はいますが、戦後十五年ほどたった一九六〇年代あたりまではその割合が増加傾向にあった気がします。その反動からでしょうか、私が小学生の時に教室に掲げられていた目標は「仲良く」や「協調」という言葉でした。

また、一人一人が異なったやり方をしてしまうと、物事がなかなか進みません。そこから、こういう時はこうするという〝マニュアル〟の時代に社会の振り子が揺れました。マニュアルがあれば、教えるほうも教わるほうも楽なので、おおいに重宝がられて現在に至っています。

しかし、画一化されるマニュアル重視の反動から、個人の自由が声高に叫ばれるようになります。それを顕著に表すのが子どもたちに大ウケした、志村けんさんの♬カラス、なぜ鳴くの。カラスの勝手でしょ～♬　だった気がします。

この振り子の揺れは「世界に一つだけの花」「みんな違ってみんないい」という価値観の強力な後押しによってまだ続くでしょう。〝年齢や社会的な地位が違っても、個人対個人は対等な関係であるべき〟という感覚を持っている人は、経験を積んだ目上の人からの言葉に対してさえ「上から目線だ」と過敏に反応します。多数の意見を尊重する大切さを〝同調圧力〟として感じ、反発します。

このように、人や社会の価値観は、大きな振り子のように、行くところまで行くと、反対方向に動き始めます。

あなたの親世代は、マイホームが夢でした。そのために数十年のローンを組んで働くのを厭《いと》いませんでした。私の高校の同級生は「四十歳で三十年ローンで家を買ったから定年後もローンの支払いがあるんだ。せっかく手に入れた家なのに、子どもたちは別の所に居を構えて『こんな家、相続したくない』って言うんだ。悲しくなるよ」

と訴えます。

最近では、家のローンを払うために働きつづけるような生き方ではなく、家賃を払ってアパートやマンションに住んで、好きな時に引っ越して人生をエンジョイしたほうがいいと考える人は少なくありません。

経済最優先の反動から、お金より自分時間を大切にしたいと思う人も多くなりました。

振り子の揺れによって、豊かさも変わります。 どちらがいいというものではないでしょう。社会の豊かさが個人の豊かさになればいいのですが、豊かさそのものが人により、国により、時代によって変わっていきます。

それが「諸行無常」という世の中の在り方です。大きな振り子をブランコだと思って、**周囲の景色を楽しむ心の余裕を持っていたい**と思います。

↓

常に「心に余裕のある人」を目指す

「特に目的のない営み」が、日常を豊かにしてくれる

会議や打ち合わせをして、会話の焦点がぼやけてその会が開催された目的そっちのけで、内容が散りぢりになっている時に、目的を再確認するために「そもそも論で恐縮ですが」と軌道修正するのは大切だと思います。

平成になって間もないころ、小学校のPTA会長をしていたことがあります。小学校では、PTA主催でバザーが毎年行われていました。目的は地域との関わりを作る、親が学校に関わる場を作るなどいくつかありますが、最大の目標は五年に一度やってくる、PTA主催の学校周年行事の運営費用を貯めることでした。

私が関わったバザーは、秋の日曜日の昼間、設営準備と撤去に要する時間を除いた実質三、四時間ほどのイベントです。そのために、ゴールデンウィーク明けに運営委員会を発足させ、近隣の町会や企業への参加協力の依頼や、どんな模擬店を出すのか、

バザー提供品の価格基準の決定など、やらなければならないことは広範囲に及びます。協力してくれる保護者の中に、そのようなことに長《た》けている人がいればとても助かりますが、多くは素人です。最初は我が子が通っている学校だから仕方がないとモチベーションが低かった人も、夏休みが終わるころにはぐんぐんやる気を出してくれました。

各学年が出店する模擬店やアトラクションなどは、さまざまな意見が出て、まとめ役も苦労して愚痴が聞かれるようになります。そこで、全体会で、私は「自分が担当する役に積極的になってくださるのは頼もしい限りです。ここで、もう一度、バザーの目的を全員で確認しておきましょう。それをしておかないと、手段が目的になってしまうかもしれないからです」と申し上げました。きっと令和の現在なら「〝そもそも論〟で恐縮ですけど……」というところでしょう。

★「人生をつまらなくする」のは、とても簡単

さて、〝そもそも論〟で話題をスタート地点に戻そうとするのと同様に、「要は」

「結局は」で一気に話をまとめようとする私のような人がいます。

途中の会話には意味がほとんどないと言わんばかりで、我ながら味気ない人生を送っていると思います。

「酒を飲むのは時間の無駄。飲まないのは人生の無駄」という、私が好きな名言があります。私はお酒が入ると、やらなければならないことや、やりたいことができなくなるので、とりとめのない会話にいくらでも付き合っていられます。

じつは、素面《しらふ》の時の私は、とりとめのない会話を聞いているのが、とても苦手です。無理にでも会話に参加すれば、それなりに楽しめるのですが、後に待っているやらなければならないこと、やりたいことが「会話には入るな」と後ろから引っぱります。その場から離れられない状況なら、結果的に聞き役になり、もぞもぞしている有り様です。

しかし、ある時、右の名言の〝酒〟を〝とりとめのない会話〟に代えても通用する予感がしました。

「とりとめのない会話をするのは時間の無駄。とりとめのない会話をしないのは人生の無駄」とまで断言しませんが、**「とりとめのない会話をしないのは人生の無駄かも**

しれない」と思えるようになったのです。

とりとめのない会話の良い点は、内容がほとんど残らないことでしょう。〝そもそも論〟を持ち出す必要もなく、「要は」や「結局は」などと話をまとめるなど愚《ぐ》の骨《こっ》頂《ちょう》です。集中して話しているわけではなく、心に浮かんだ由無《よしな》し言《ごと》をポンと出し、そこから連想される話題が、水面に落ちた雨が作る波紋のように広がっていきます。内容は残らないでしょうが、忙しい一日の中で、わずか数分のとりとめのない会話が、リラックスタイムとして心のバランスを取る役目を果たしてくれます。妻や娘の会話を聞いていると、つくづくそう思います。

私は「要は」「結局は」を多用する人に出会うと、自分への戒《いまし》めを含めて「〝要は〟や〝結局は〟で話をまとめるのがお好きなようですが、**要は人間は食べてトイレ行って寝ているだけですし、結局は死んじゃうんですよ**」と笑って伝えることにしています。

↓「とりとめもない会話」のあなどれない効力

「モヤッとする一言」は、こんなユーモアで撃退!

イタリア・ルネサンス期の人文主義者ポッジョ・ブラッチョリーニが『笑話集』に収め、日本に伝わったイソップ寓話の中でも紹介されている話に「ロバを売りにいく親子」があります。何をしても悪く言う人はいるので、他人の意見に流されない大切さを扱った教材として、小学校の道徳の教科書でも紹介されているそうです。

大ざっぱな粗筋《あらすじ》を私流にお伝えします。

ある親子がロバを売りに出かけます。すると、ロバを連れて歩いている親子を見た人が「荷物を運ぶのが得意なロバなのに、だれも乗らないで歩かせるなんてどうかしているのではないか」とバカにしたように言います。

それを聞いて、父は幼い息子をロバに乗せて引っぱって歩きました。

次に会った人は「元気な子どもがロバに乗って、年老いた父親を歩かせるとは、親不孝な子どもがいたものだ」と皮肉を言います。

子どもを親不孝だと思われたくない父は、子どもを歩かせて、自分がロバに乗っていくことにしました。

しかし、その姿を見た人は、今度は「自分だけロバに乗って、幼い子どもを歩かせるとは、ひどい父親だ」と批難します。

そこで、父親は子どもと一緒にロバに乗って進みました。

その姿を見た人は「あれではロバがかわいそうだ。動物虐待だ」と騒ぎ立てます。

仕方なく、二人はロバからおりて、狩猟した動物を運ぶようにロバの前後の足をしばって丸太を通してつり下げ、二人で運ぶことにしました。

苦しい姿勢になったロバは暴れだし、ついに、橋の上に差しかかったところで川に落ち、そのまま流されて死んでしまいました。

自分のことをわかってほしいと思う人は、自分の考えや行動に多くの人が共感してくれるだろうと思いがちですが、そんなことはありません。批判する人は必ずいます。

その批判にいちいち反応していれば、この話の父親のようなことになります。

これは、SNSなどで自分が発信した内容に対する親しくない人からの不快なコメントも同様です。

★ムッとした時ほど、面白がってニヤけてみよう

不快なコメントに左右されないために、ユニークな分類が行われているので、私自身への戒めとして、また、参考としてご紹介します。

私がブログで「大和書房から『急がない練習』が出版されました」と書いたとします。送られてくる反応には……、

【自己顕示・我田引水系】大和書房の本、けっこう持っています

【自己顕示・知識ひけらかし系】英語だと「急ぐ」はhurryとrushですね

【自己顕示・知ってた系】その情報は大和書房のホームページに出ていました

【誤解・まっすぐ系】大和書房は一九六一（昭和三六年）創業ですね

【誤解・ブットビ系】本が出ても売れないとねぇ……

【ひとこと言いたい・言いがかり系】急いだっていいでしょ

【ひとこと言いたい・校閲系】「急」にはルビをふらないと読みにくいです
【ひとこと言いたい・代弁者系】もらった印税を何に使うんだ？
【異次元系】友達に編集者がいて、大酒呑みですよ
（※ジェット・リョーさんのツイッターの分類を参考にさせていただきました）
このように、それぞれが言いたいことを野放しで言えるのがＳＮＳです。これらに対して、いちいちまともに反応するのはバカげています。
こうしたコメントに対しては、基本的に「グッド」や「いいね」をクリックするだけに留め、クリックした後は放っておけばいいでしょう。
炎上が心配なら、信念を貫くために、コメントは受けない設定にしたほうがいいですよ。あなたがＳＮＳで自己アピールしたいように、妙な反応をすることで自己アピールをしたい人は佃煮《つくだに》にできるくらいいるのです。

↓こうして、何を言われても「気にならない」レベルへ！

「その場の空気」を面白く変える天才になろう

僧侶だからでしょうか、あまのじゃくだからでしょうか、私は漢字三文字を見ると、つい、上の一字と下の二字を分けるクセのようなものがあります。

胃潰瘍を「イー・カイヨー」と読みたくなり、そこに勝手に物語を加えます。

「昔、中国にとても気が弱く、どんなことでも気にするので食べ物を食べてもすぐにおなかをこわし、腹痛に悩まされていました。そこから、胃に問題がある人のことをその人の名をとって、イー・カイヨーと言うようになったのです」という具合。

同様にたびたび腸がよじれるような腹痛に苦しんでいた人の名前から、その症状を「チョウ・ネンテン」と言うようになった。自分のことしか考えない「ジー・コーチュー」という人がいて、そこから自分のことしか考えない人を「ジコチュウ」と呼ぶようになった……。

調子にのってもう一つ。

昔、中国にへー族が住む村がありました。周囲は山に囲まれ、他の地域との交流は山を切り崩して作られた切り通しが一本あるだけでした。この村に住むソクカンという男が、ある時、悪魔と契約を結びます。切り通しの道をふさげば村を存続させるというのです。ソクカンは爆薬を使って外界と唯一の切り通しをふさいでしまい、村は孤立します。孤立した村の人たちは、どこにも行けず、外界の素晴らしい知恵も取り入れることができなくなり、やがて滅亡します。

そこから、どこにもやり場のない、逃げ道のない心の状況を悪魔と契約を交わした男の名前をとってヘイ・ソクカンというようになりました……。

こんな話を若い友人たちにすると「和尚、それ、ホント?」と真面目な顔をします。私は「だったら、面白いだろうに、って話さ」と答えます。

今では互いにレベルがアップして「面白いことを抱腹絶倒っていうだろ。あれは昔、中国に……」と私が言うと、「ああ、知ってる。ホウフクとゼットウっていう兄弟か親子がいたんでしょ」と先を越されるようになりました。

一つの言葉を何倍にも楽しむ、私なりの愉快な方法です。

★物事を「深刻にとらえすぎない」って大事です

さて、こうした事情を踏まえて……、

昔、中国に、セー・サンセーという人がいました。セーさんは、とにかく無駄なことが大嫌い。効率やコスト・パフォーマンスを重視していました。なぜ彼がそうなってしまったのか、残念ながら資料は残されていません。しかし、一説に「苦労する身は何厭《いと》わねど、苦労し甲斐《がい》がありますように（苦労するのはかまわないけれど、せめてその苦労が報われるような結果があってほしいものだ）」や「労《ろう》多くして益《えき》少なし」は彼が残した言葉とされています。ですから、彼は目に見える結果だけが、人生を決定すると考えていたようです。

後代になり、彼の主張した理論は会社経営者や企業家など経済を優先する人たちから絶大な支持を集めることになります。こうした考え方を、彼の名前をとってセイ・サンセイと呼ぶようになりました。

しかし、一方で、見た目重視、結果重視の風潮になじめない人からは、「どんなに苦労してもその報いは老いであり、死である」「労を惜しまないことに意義があるのであって、労を益の交換条件のように考えるのは非人間的である」などの批判を受けることになりました。もちろんその後にもセイ・サンセイやその教えを受け継いだコウ・リツカの賛同者たちから「人間本来の自由な時間を生みだすために、生産性や効率化などは不可欠な要素である」などの提言がなされ、現在に至っています。

お断りしておきますが、私は仏教を伝来させてくれた中国、孔子を生んだ中国が大好きです。現在の日本文化にはかり知れない知識や知恵を伝えてくれた偉大な国だと思います。

日本人の名字に漢字二文字が多いのは、七一三（和銅六）年に、土地の名前は〝縁起の良い漢字二字〟を用いることというお触れが出て、土地の名前が名字に影響を与えたと言われています。しかし、私は漢字三文字で表される言葉の概念の良い点、悪い点を、右のように冗談の中に真実を織りまぜて、死ぬまで語っていくつもりです。

↓「いつも笑顔でス〜イスイ」と世間を泳いでいこう！

一見、回り道が幸せにつながることもある

ある二十代の人が、毛糸を引き出すとその分だけ時間が流れる〝魔法の毛糸玉〟を手に入れます。自分は来年、どんなことをしているのだろう、三十代になったらどんな伴侶と暮らしているのだろう、家族は持てるだろうか、定年後はどんな生活をしているのだろう……とグイグイ毛糸を引きだしていきます。翌朝、警察は、毛糸まみれの干からびた老人の死体を発見します。

どこで、読んだのか覚えていませんが、私の好きな話です。

焦っても仕方がない、人生は急がず、焦らずに、時間とともに歩んでいけばいいし、それしかない。ショートカットしない分、多くのことを経験し、学んでいけるということでしょう。

私は四十九歳で一般書店に並ぶ本を書くことになりました。私の書いているのは、

出版の世界ではハウ・トゥ・エッセイという分野らしいので、とりあえず私もエッセイストの端くれかもしれません。

さまざまなことに関心を持ちながら回り道をして経験したことが、やがて気づきとなり、そのおかげでさまざまなことが決着してすっきり、さわやかに生きられるようになった実感があります。それが一冊の本にまでなったのです。

★「強力なツールとなる言葉たち」をご紹介

ここでは、決着に役立った、気づきを凝縮したような言葉を、参考としてご紹介します。本書の中で、ご紹介した言葉も含まれますが、私にとっては人生を幸せに生きるための強力な言葉なのでご了承ください。

「**自分の不幸をだれかのせいにしている人は、そのだれかを許さない。許してしまうと、自分の不幸の説明がつかなくなるからである**」――自分がいかに不幸かを言いつづける人のネガティブな渦に巻きこまれそうになることがありますが、この言葉のおかげで、他人の濁った渦に巻きこまれることはなくなりました。

「どんな不幸を吸っても、吐く息は感謝でありますように」——感謝の息を吐けるようになるには、〝おかげ〟に気づく感性を磨くしかないと思われます。

「こころの天気は自分で晴らす」——心が雨や雲に閉ざされている時、周囲からのアドバイスを参考にするにしても、それを採用するか否かは、他のだれでもなく、結果的に自分しかいません。人はみな、心の天気を自分で晴らす力があるのです。その力があることを信じるのが、本当の意味での「自信（自分を信じる）」だと思います。

「家庭はこんがらがった糸です。こんがらがっているからいいんです。ほどくとばらばらになっちゃいます」——家庭はこんがらがっているものだと覚悟さえすれば、家族の中で孤立することはありません。

「ご都合通りにならないからって、怒っちゃいけません」——世の中には、自分の都合通りにならないことが毎日数百はあるでしょう。それらに対していちいち怒っていれば、一生怒りつづけて死ぬことになります。私は、そんな生き方をするほど不幸ではありません。

「みんなに好かれる人よりも、みんなを好きになれる人」——どんなに努力しても、みんなから好かれることは不可能です。悪く言う人は必ずいるものです。しかし、自分がみんなを好きになるのは自分の努力次第で可能です。

「できないことをするのを練習と言います」――できることをいくらやっても、それはアソビです。

「過去をふり返るのは何かを生みだす時だけでいい」――〝昔は良かった〟と今の自分を惨めにしていれば、幸せにはなれません。

「だれかのことをうらやましいと思っている間は幸せになれない」――〝うらやましい〟と思うのは、自分はそうなっていないということですから、幸せではありません。幸せな人は、だれかのことをうらやましく思いません。

自分の目指したゴールに向かってまっしぐらに進んだ人が、ゴール間近になって思うのは、回り道をしていれば、もっと面白く豊かな心になることやものに出合えたかもしれないということでしょう。

生活と人生は違います。生活が人生にならないように気をつけたいと思います。

↓〝余韻〟まで楽しめる人生にしよう

「あなたは、よくここまで生きてきた！」思わず自分を抱きしめたくなるお話

アフリカを旅した人が、道や野原で走り回って遊んでいる子どもを見て、感心したように「やはり自然が豊かなところで育った子どもは元気がいいですね」と現地のガイドに言いました。

するとガイドは、彼をまじまじと見て言いました。

「この国では、元気な子どもしか生き残れないのです」

日本でも、昭和のはじめのころまで、状況は似ていました。

私が住職をしているお寺の過去帳に記載されている戒名の、五人に一人は嬰子《えいじ》や孩子《がいじ》、童子や童女の位号（戒名の下につけて年齢や性別を表す二文字）がついています。

出産で命を落とす赤ちゃんだけでなく、風邪や破傷風《はしょうふう》、食あたりや盲腸で、幼くして命を落とす子どもがたくさんいたのでしょう。

そのために、「よくここまで生きてきた」と、幼児から子どもへ成長して丈夫になったことを三歳、五歳、七歳でお祝いするのが、七五三の行事でしょう。

私は、冒頭の旅人とガイドのエピソードを聞いたころに父親になりました。そのおかげで、三人の子どもたちの七五三の行事は、その深い意味を感じながら行うことができた気がします。

体ができあがってくるにつれて、体力もついて丈夫になるのは生物の成長過程かもしれませんが、去年まで、先月まで、昨日まで元気だった人が、病気や事故などで亡くなることは、けっして少なくありません。

その中で、私もあなたも、親が丈夫な体に生んでくれました。そして、医療が発達した時代に、その恩恵に浴せる国に住んでいるので、どうにか生きています。そんなことを考えれば、ここまでよく生きてきたものだと感じ入ります。

★奇跡的な偶然の上に「今のあなた」がある

しかし、丈夫な体を持ちながら、命を全うできない人もいます。

日本では自ら命を絶つ人が年間約三万人。コロナ禍前の東京マラソンの参加者とほぼ同数です。

東京マラソンでは、先頭の走者が都庁前のスタートを切ってから最終ランナーがスタートラインを切るのに二〇分ほどかかります。それほどの人数です。

自ら命を断った人がいると、周囲の八人（自死者が三万人だとすれば年間二十四万人）が「どうして……」「なぜ気づけなかったのか……」と一生トラウマを抱えると言われます。また、自死する人は、身近に手本にする人（親しい人や芸能人など）がいるとも言われます。

仮に影響を受けないで大人になっても、命を捨てようと思うことはあります。大勢の人の前で罵声を浴びせられたり、恥をかかされたりした経験のある人はいるでしょう。

自分の立場を利用して他人の心をズタズタにする相手の非道を、自分の命と引き換えに広く世間に知らせてやろうかと思う人はいます。

極悪非道な行為で被害を受け、怨み骨髄に徹し、相手と刺し違えようと計画を立てたところで、「あんな奴をまともに相手して刺し違えれば、こちらがいい笑いものになる」と踏みとどまった経験のある人もいるでしょう。

他の諸々の理由で命を断とうかと思い悩んだ末に、「命を捨てるくらいなら、他に捨てるもの（家族、プライドなど）がある」と思いなおす人もいます。

まったく、あなたも私も「よくここまで生きてきた」と思いますし、「これからもどうにかなる。生きていける」と思います。

★供花がいつも「こちら側」を向いているのは、なぜ？

お墓や仏壇に供える花は、供えたい対象（亡き人）は向こう側にいるのに、不思議なことに、こちら側を向けて供えます。

供える花には、二つの意味があります。

一つ目は、花は寒い時期を耐えて花開くので、我慢（精進）する心。もう一つは、花を見て怒る人はいませんから、優しさ（慈悲）です。

しかし、**手向けられた故人は、その心のうち三割だけ取って残りの七割をこちらに返す**と言われます。

「時によっては、我慢する心が萎《しお》れかかっているかもしれないよ。やさしい心が、事によっては蕾《つぼみ》のままかもしれないよ。でも、いつかこの花のようにきれいに大きく心の花を咲かせるんだよ」

という応援の花束として、こちらを向かせるのです。
そんな応援のエールをもらうのに値《あたい》するような生き方をしていきたいものです。

↓

惜しみない「応援のエール」を受け取ろう

名取芳彦（なとり・ほうげん）
1958年、東京都江戸川区小岩生まれ。密蔵院住職。真言宗豊山派布教研究所所長。豊山流大師講（ご詠歌）詠匠。密蔵院写仏講座やご詠歌指導、法話など、幅広いアプローチから布教活動を行っている。YouTube「言いたい放題地蔵」も好評。日常生活で誰もが抱えるふとした悩みやモヤモヤを、仏教の智恵で乗り切るエッセイが人気を博している。
これまでの著書に、『気にしない練習』『般若心経、心の「大そうじ」』（以上、三笠書房《知的生きかた文庫》）、『他人のことが気にならなくなる「いい人」のやめ方』（リベラル文庫）など、ベストセラー、ロングセラーが多数ある。
元結《もっとい》不動　密蔵院
東京都江戸川区鹿骨4-2-3
もっとい不動　密蔵院HP
http://www.mitsuzoin.com/

本作品は当文庫のための書き下ろしです。

だいわ文庫

人生《じんせい》をもっと〝快適《かいてき》〟にする
急《いそ》がない練習《れんしゅう》
「がんばりすぎ」をやめる47のヒント

著者　名《な》取《とり》芳《ほう》彦《げん》

二〇二二年一〇月一五日第一刷発行

発行者　佐藤 靖
発行所　大和《だいわ》書房
東京都文京区関口一-三三-四 〒一一二-〇〇一四
電話 〇三-三二〇三-四五一一
フォーマットデザイン　鈴木成一デザイン室
本文デザイン　吉村亮、石井志歩（Yoshi-des.）
本文印刷　信毎書籍印刷
カバー印刷　山一印刷
製本　ナショナル製本
ISBN978-4-479-32030-2
乱丁本・落丁本はお取り替えいたします。
https://www.daiwashobo.co.jp